# 一点全集中！
# 手裏剣術で開眼
## 〝何とかできる〟心と体の作り方

和伝流手裏剣道　宗家
木﨑克彦

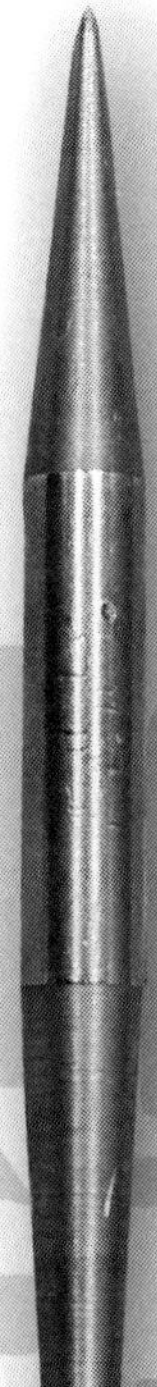

和伝流
手裏剣道
秘伝

BAB JAPAN

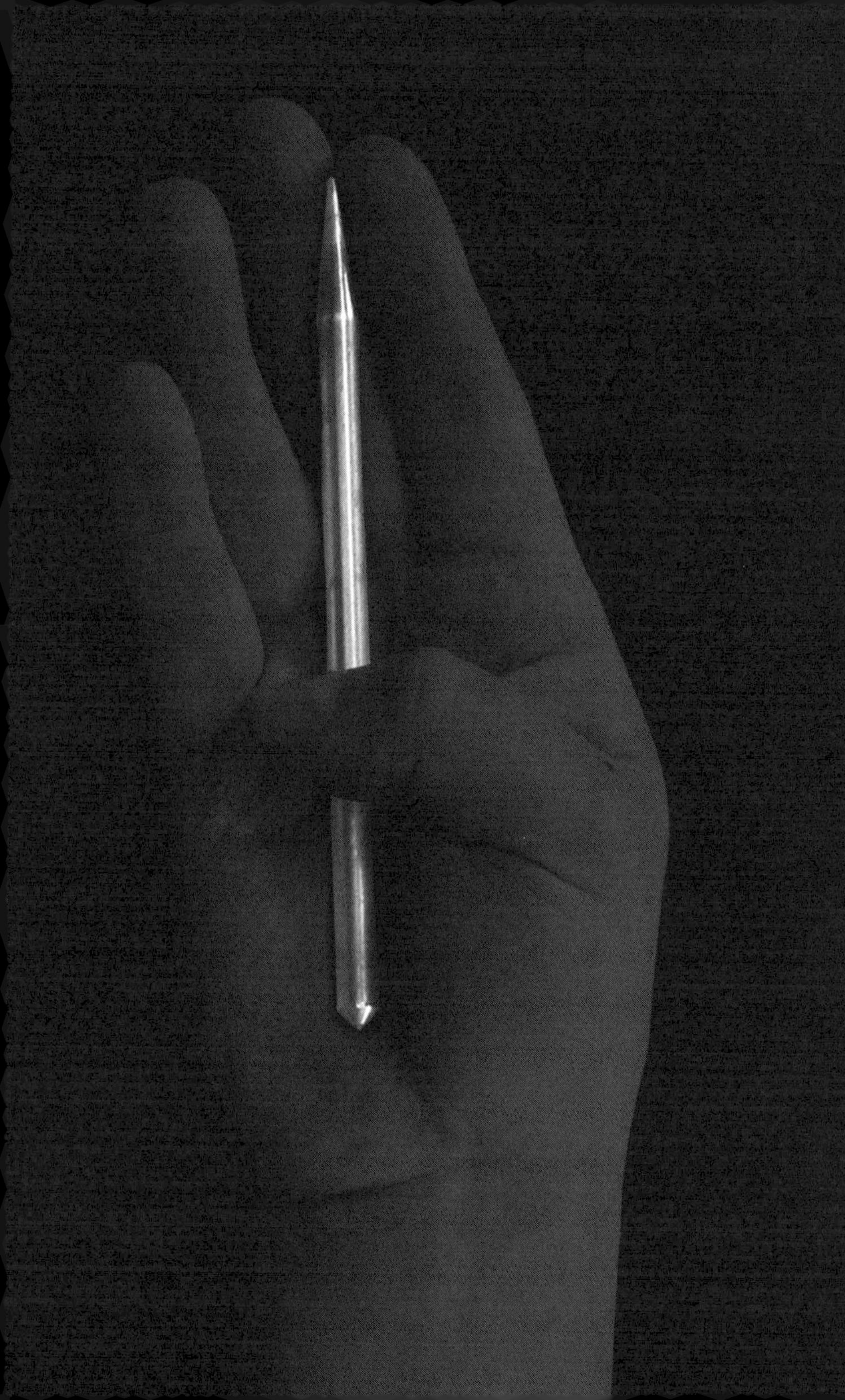

2

おおよそ最短、最小の武器〝手裏剣〟
果たして人間はこのちっぽけなモノで
何ができるだろうか？

# 目次

序章 手裏剣術がもたらすもの ……9
1 手裏剣が持つ〝実戦観〟
～日本の社会、日本武術が失い続けてきた、今、本当に必要なもの ……10
2 本当に身を護るには？ ……12
3 武器を持つのは悪人という考えを改める ……14
4 身体感覚と脳のリンク ……16
5 手裏剣で〝予知能力〟が養われる!? ……18
6 兄弟子、大杉漣さんと〝目付〟のこと ……20
7 真の〝臨機応変〟 ……21

第1章 手裏剣術の特性 ……25
1 投てき武器の威力と宿命 ……26
2 剣術の佐助兵器ではない、手裏剣の用い方 ……27
3 心は剣、型は弓 ……29
4 手裏剣術とは何か ……30

5 精神と手裏剣……31
6 初撃の大事……33
7 的を外れた手裏剣の捉え方……34
8 残心……36
9 体術との併用が必要な理由……39
10 鶴田先生が創流の過程で出会った二人の達人……42
11 和伝流手裏剣道併伝、山井流柔術拳法……44
12 武器術が目指す両端に進化した武器……45

## 第2章 手裏剣術の身体の使い方

第2章 手裏剣術の身体の使い方……47
1 すべてをできるようにしてくれる〝たった一つの型〟……48
2 〝未完〟の型……52
3 卍巴の型 詳解……55
4 発力法……65
5 無拍子……67
6 和伝流が目指す最終段階……67

第3章 打剣術・掌剣術 ……69

1 剣術は戦場にあって実戦的だったのか？ ……70
2 なぜ手裏剣はマイナーな武術とされるのか？ ……71
3 武術として間合いを考えなくてよいのか？ ……72
4 手裏剣は「打剣術」であって「刺剣術」ではない！ ……72
◉打剣術 ……74
◉掌剣術 ……114

第4章 手裏剣以外の武器術 ……125

1 どんな得物も使えねばならないという前提 ……126
2 杖術 ……126
3 短棒術 ……131
4 紐つき武器 ……136
5 そばにある〝何か〟 ……142

第5章　体術（山井流柔術拳法）……149
1　併伝武術　山井流柔術拳法……150
2　打剣で学んだ事をどう活かすか……150
3　やはり「卍巴の型」……152
4　〝下から〟という奇手……154
5　卍巴の型から導かれる防御術……155
6　卍巴の型から導かれる攻撃術……157
7　連絡技への展開……161
8　体術としての掌剣術技法……171
9　体術・手裏剣術の融合と〝戦術〟……179

第6章 手裏剣術の精神「どんな状況でも何とかする」……185

1 手裏剣は〝可能性〟の武器……186
2 〝本番に強い〟自分を作る……188
3 発想力・機転力……190
4 よくやってくる〝いざという時〟の話……191
5 巨大な試練……198

寄稿……201

あとがき……206

序章

# 手裏剣術がもたらすもの

## 1　手裏剣が持つ〝実戦観〟

### 〜日本の社会、日本武術が失い続けてきた、今、本当に必要なもの

〝実戦性〟の3文字は、武道、武術、格闘技において、常にどこか、念頭に置かれているものなのだと思います。ここを〝どうでもいい〟とする武道など皆無でしょう。いわば本当に使えるものか否か、という事です。

フルコンタクト系の空手やMMAは「実戦空手」や「実戦格闘技」という別称で呼ばれることがあります。しかしこれらは、体重により階級を分け、危険な技を禁じ、攻撃部位を限定する等のルールを定めています。たとえ、「実戦」と冠されていても、私たちが現在、武道、格闘技と呼称しているものは、ルールに守られたスポーツなのです。スポーツは「実戦」とはかなり異なります。ルールとは〝制限〟であると同時に「それ以外の事は考えなくてよい」という〝免責〟でもあるのです。

格闘技、武道は、護身術に有効だと言われていますが、小柄な女性が、その技を持って筋骨隆々の大男を倒すことができるでしょうか。

現在の武道や格闘技は、体格やパワーに大きな差のある相手に対しては、多くの場合、技術を生かすことが困難です。体格を揃えれば、同条件のもとで、その先の技術の切磋琢磨をみる事ができるようになりました。それが〝競技〟です。でも、その反面確実に失ってしまっているのが〝実戦性〟です。

生まれつき頑強なものしか強くなれない、素質があるものしか勝ち残れないような指導体系と試合ルールに問題があると思っています。

少し厳しいことを書かせていただきますが、現代武道で強いと言われる方も、古の武術が想定している世界では勝手がちがう事を認識しなければなりません。

敵が武器を隠し持っていないという保証はありま

せんし、攻撃部位や攻撃の種類が限定されてもいません。打撃のときに敵を掴んではいけないという決まりもなければ、倒れた対戦相手に攻撃してはいけないというルールもありません。もちろん、ラウンド制ではなく、時間制限も、審判によるストップもありません。

また、必ず敵が一人だという保証はありませんので、一対多の戦いも想定しなければならず、動きを少なくして、四方に隙をさらさないように心掛けなければなりません。動きも激しければ体力の消耗も早いし、複数の敵は順番に攻撃してくれる保証もありません。

このように〝キリがないのでは？〟と思えるほど数多くの要素がからむのが「実戦」なのです。それらに漏れなく対応でき得る武術とは、どんなものなのでしょうか。

要素にはまだあります。実戦における試合場は、動きやすい平面で、弾力のある床が用意されるはずもなく、安全性は考慮されていません。戦いの場のアスファルト路面、コンクリートのビルの外壁は、〝使いよう〟によっては危険な武器になります。

これが一つの解答です。〝使いよう〟なのです。

いかに臨機応変に、その場に応じた〝使いよう〟を導き出せるか、持っているか、それこそが〝実戦性〟です。

斬撃性能や操作性において世界に誇れる武器である刀をはじめ、槍、薙刀、弓矢、鉄砲などに比べて、手裏剣はいわば最短、最小の武器です。ある意味、値段をみても明らかです。その代わり、使い方の多彩さはケタ違いです。

手裏剣には、実は、投げ打って突き刺す「打剣術」以外に、手に持って戦う「掌剣術」など驚くほどたくさんの用途があります。壁に突き刺しておいて、そこへ敵を誘導する、などという間接的な用法まであります。

近距離では、投げ打つよりも手に持った状態で敵に突きつけて動きを止めるとか、尖っていない側で急所に押し当てて痛みを与えて相手を制御するなどの用い方の方が得てして有効になります。手裏剣は投げ打って使うもの、という縛られた発想だと、こういった用法は出てきません。手裏剣術で求めるのは発想の広がりであり、縛りや先入観がないほど、実戦で通用する〝使いよう〟は出てくるのです。

〝強さ〟というものを考えると、どうしても「武器の威力」というところに発想が行ってしまいます。これは得意なパンチ、キックなどであったり、あまり知られていない高度な関節技、などといった要素も含めてです。これらは間違いなく大きな武器です。でも、本当に実戦で必要なのはそれよりも〝いかにその（最悪な）状況を何とかできるか〟という能力であり、つまりは〝多彩な使いよう〟が引き出せるか、なのです。

剣を投げる、というのもそもそも相当に飛躍した発想だった事でしょう。武器をここまで小さくする、というのもなかなか生まれない発想だったかもしれません。

手裏剣術を追究する、という事は、〝発想力を鍛えていく〟という過程を意味します。

手裏剣術には、いまだ現代にも通用する特別な〝実戦観〟が追究されているのです。

## 2 本当に身を護るには？

２０１８年の大晦日、格闘技イベントで行われた、ボクシングのフロイド・メイウェザー　ジュニア元五階級王者と那須川天心選手のエキシビションマッチが注目を集めました。

無謀なマッチメイク、残酷なＫＯショーと批判も多かった試合ですが、体重差とはこんなにもすごいものなのかと思い知らされました。護身を考える上で、この事は、常に念頭になければなりません。体格差という壁が、護身にはつきまといます。

では、武器、護身具を持つことによってこの体重差を埋めることができるかということになります。

極端な話を例に挙げて考えてみましょう。ボクシングで言う、アトム級やミニマム級の40キログラム

和伝流手裏剣術　鶴田勲先代宗家（写真最前）と。



台の女性が、倍以上のヘビー級、90キログラム超の体重を持つ大男にナイフや特殊警棒を持って臨んだ場合、勝つことができるのか、身を護ることができるかということです。

小柄な女性は、威圧され攻撃が有効な間合いまで踏み込むことができず、逆に捕まって、見上げる大男がナイフや特殊警棒を制圧してしまう情景が想像に難しくありません。実はナイフも特殊警棒も、持ってさえいればなんとかなるという武器ではありません。使うのにはけっこうな技術が必要です。これだけの体格差があると、近接して戦う武器では、勝ちを見出すことは困難ではないでしょうか。

武器を使って、女性が屈強な男に勝った例として、白上一空軒先生の本には、手裏剣お八重他、数例の手裏剣を使った女性が刀を構えた侍を打ち破った例が紹介されています。

当流の先代宗家である鶴田勲先生も「手裏剣を所持し、習得した技法を用いれば、少なくとも、距離を保ち、身を護ることは可能。また、捕まったとしても、隠し持った掌剣で脱出はできる。体格差を埋めるために、手裏剣は非常に有効な武器の一つである。」と説きます。ここで物を言うのは、〝投げて使う〟という、武器としての〝可能性〟と、使う人間の〝発想〟です。

手裏剣は、小柄な女性が使用した場合でも、体力差を埋めることができる数少ない武器なのです。

## 3 武器を持つのは悪人という考えを改める

もちろん本書は、護身具として手裏剣を携行する事をお勧めするものではありません。本当に身を護る、という事を本気で考えていただきたいのです。

「相手を傷つける行為」に非常に厳しい世の中になりました。〝降りかかった火の粉を振り払う〟行為であったとしても、度を越せば過剰防衛、傷害罪に問われかねません。

だから一般に、護身術は「刃物を持った相手を素手で制圧する」のような形で考えられます。確かに、悪に対する正義、のような図式ではあります。

子どもの頃から、テレビのドラマでは、武器を持っているのが悪人で、正義の味方は素手でそれに立ち向かうという設定が多かったような気がします。また、時代劇や剣豪小説では、「無刀取」や「真剣白刃取」など、究極の武技は、無手にて刀を制する事のように描かれています。

しかし現実に、例えば〝刃物を持った男が暴れている〟ような状況を考えてみて下さい。それを警官が制圧するニュース映像を、一度はご覧になった事があるでしょう。いくら武道や逮捕術の心得のある警官でも、盾やらさすまたやらを携えて大勢でかかって、やっとそれはかなうのです。

素手で刃物を持った敵を制圧する事は、不可能ではないでしょう。でも、〝自分は武器を手にしてはいけない〟という発想は命取りです。刃物を持った敵に丸腰で立ち向かって、無傷でいられる訳がないのです。刃物を持った相手と対峙するというのは、そういう事です。これは、どんなに武術の修練を積んで身捌きが俊敏になり大概の攻撃はかわせるようになった、としても同様です。相手が刃物を振り回す動きがそれより長けていないという保証はないのです。

武器や武器に代わるものがあるなら、それを取って戦う方が、より確実に我が身を護れるという事をまず、認識すべきなのです。

武器等を持って戦う事を躊躇したり、卑怯だと思い、潔く素手で戦うという、思慮も分別もない、ただ血気にはやり、腕力に頼るだけの「匹夫の勇」は戒めるべきものなのです。

武器は、原始時代に獣に素手で勝つのが難しいから、手より長く、硬い棒を握って、使用したのがその起源だと聞いたことがあります。確実に敵を倒すために、より有利な状況を作り出すために、武器は工夫されたものなのです。より有利な状況を作り出せるのにそれを放棄する事はありません。

悪意を持った敵が、正々堂々と素手で一対一の戦いをのぞんでくるでしょうか。自分や大切な人たちの命を護るためには、あるものは何でも使う、より有利な条件で戦うことを卑下してはいけないのです。これが本当に身を護らねばならない〝実戦〟というものなのですから。

生き残るためには、子どものころから、ドラマや小説によって植え付けられた間違った倫理観は払拭しなければなりません。

逆に一本の手裏剣やこれに代わる物を隠し持っているという事は、これだけで大変有利になるのです。体力のない者でも、小さな武器を手の中に隠し持っていれば、身を護り、相手にダメージを与え、逃げる機会を作ることができるのです。もちろんこれは、囚われのない発想や広い応用変化性ありきです。

〝刃物を手にするなんてもってのほか〟

この先入観は、危険です。

棒手裏剣

車剣

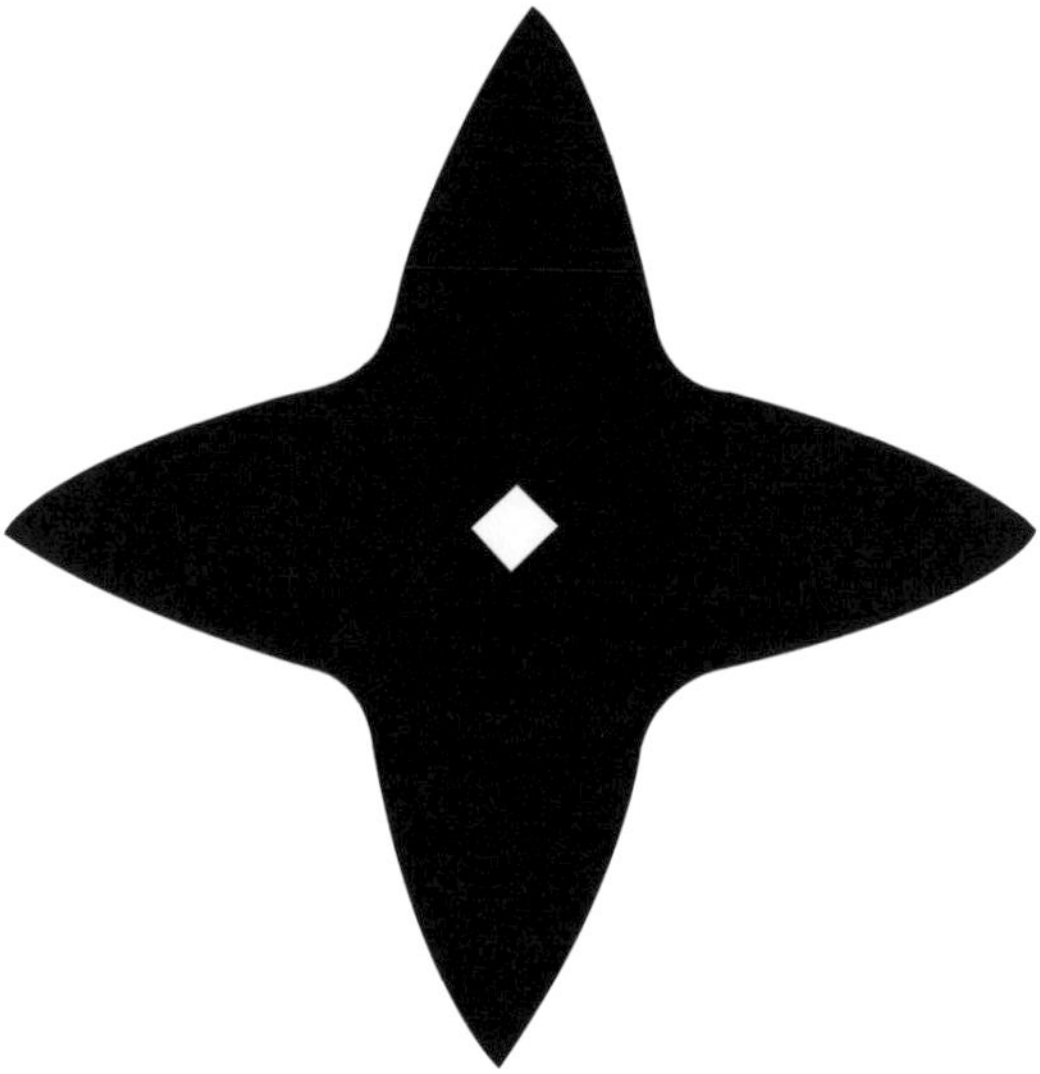



## 4 身体感覚と脳のリンク

手裏剣の打剣稽古は一人で行います。手裏剣を投げて的に刺す、というものです。手裏剣術で用いるのは棒手裏剣なので、全方向に刃がついている車剣《しゃけん》と違ってただ刺すのも簡単ではありません。繊細な身体コントロールがなければかなわないのです。

手裏剣の打ち方には直打法と回転打法とがありますが、どちらにしても剣先の回転が伴い、標的のところでちょうど剣先が的に向くようにしないと刺さりません。

弓やダーツのように、はじめから剣先を的に向けて射出してそのまま真っ直ぐ投げ刺す形を想像する方もいらっしゃるかもしれませんが、そのようにしようとすれば、的に当たる時には必ず剣先が下がってしまって刺さりません。

手裏剣においてはどの位置に刺さるかという要素以外にも、どういう角度で刺さるかという要素も

## 手裏剣術の基礎

手裏剣が的に当たる頃合いにちょうど剣先が的に向くように打ち出す。
回転打法は直打法より遠間に向く。

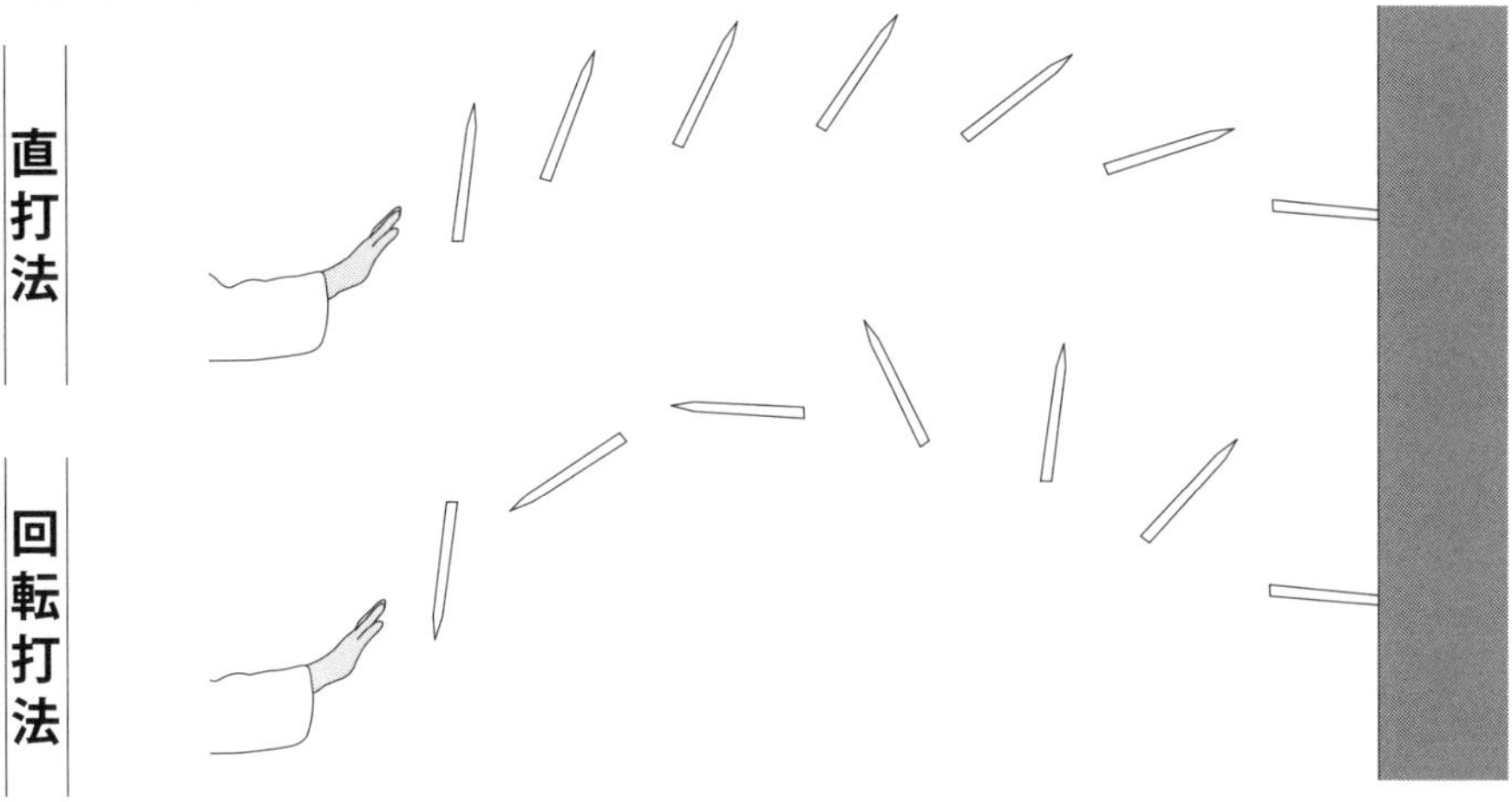
直打法
回転打法

剣先を的に向けて射出すると、的に当たる頃には切先が下を向いてしまう。

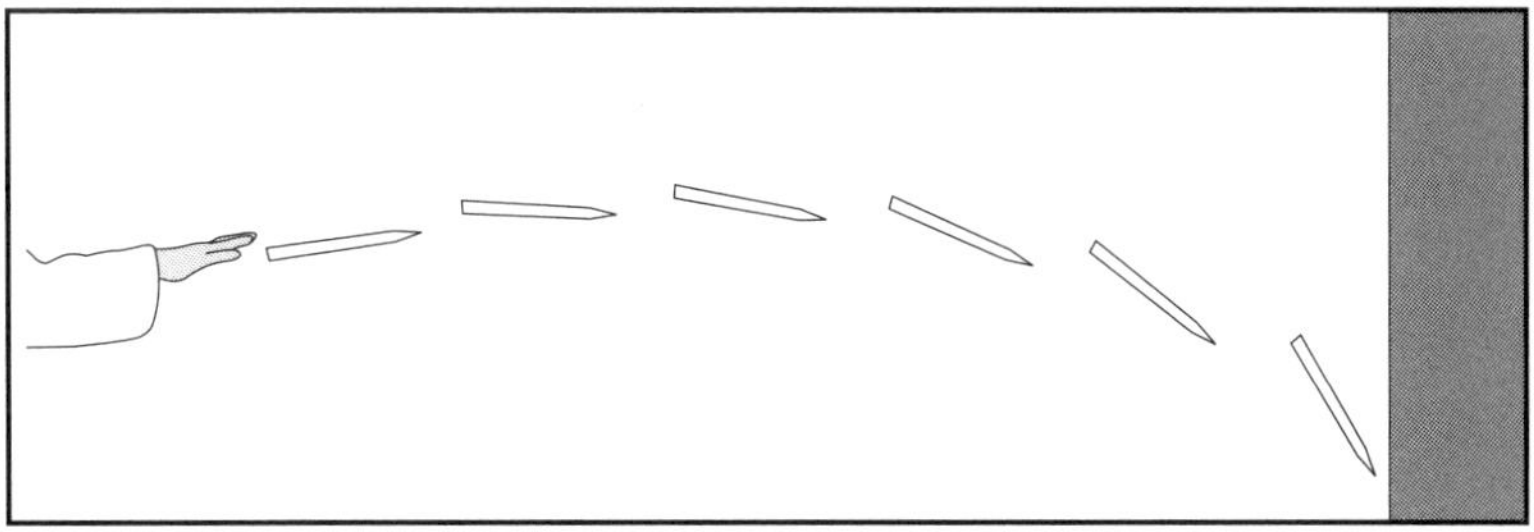

## 手裏剣の持ち方（直打法）

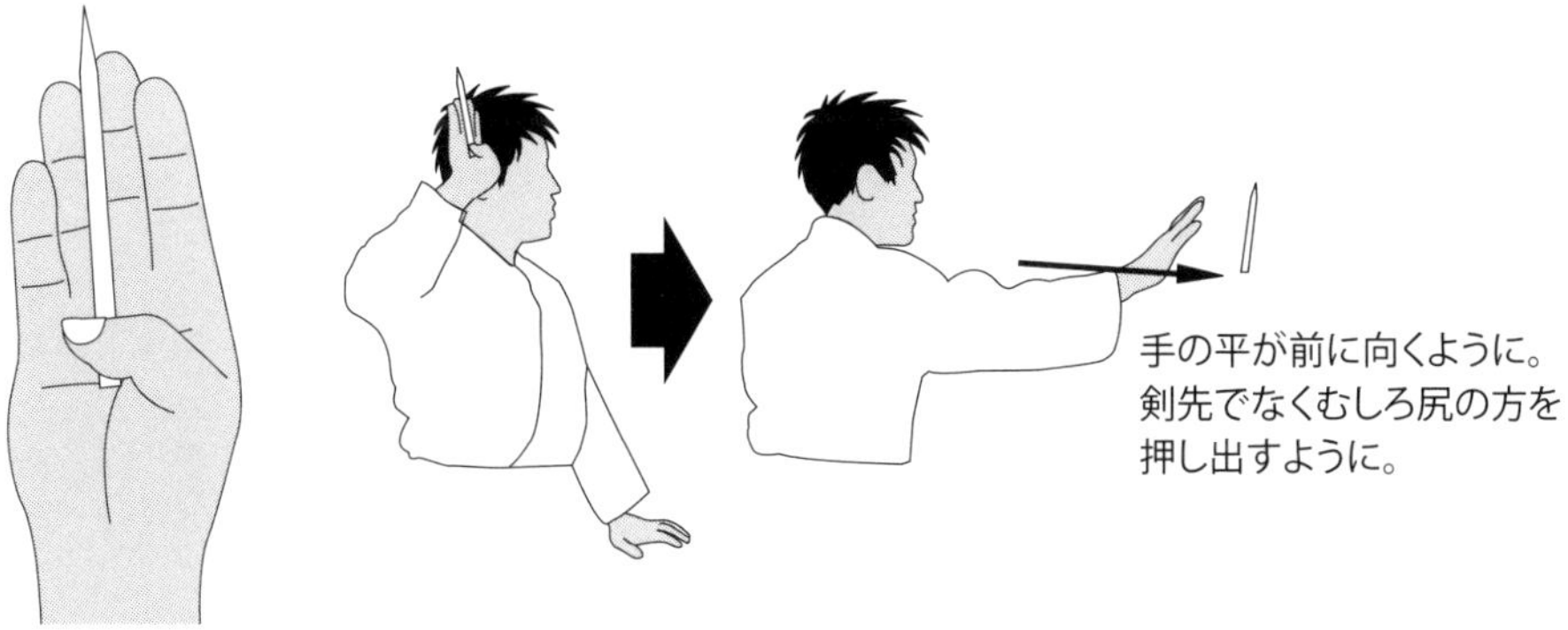
手の平が前に向くように。
剣先でなくむしろ尻の方を
押し出すように。

あって、こちらも重要です。

人間は誰でも、思ったように精確に体を動かすのは容易ではありません。動かしているつもりでも、思ったようには動かせてはいないのです。思ったように動かせていない事に気付き、そこへ近づけていくのがあらゆる武術、スポーツの修練プロセスであると言っていいでしょう。初心者のうちは〝思ったように動かせていない〟事に気付けません。これはどの世界でもそうでしょう。

手裏剣はその〝思ったように動かせていない事〟が如実に打剣に顕れるのです。

思ったような角度で刺さらなかったので、次の打剣は少しだけ調整して打剣する。結果が思ったように調整されていれば、身体感覚と脳のリンクが上手くとれている事になります。

このリンクを発達させるための修練としては、身体運動の〝結果〟を自分自身にフィードバックさせていく事に勝る方法はないのです。

刀を振れと言われたら、初心者でも誰でも、振る



事は振れる。自分自身としてはそれなりに振れているように思えるでしょう。手裏剣ではそうはいきません。刺さるか刺さらないか、どこに刺さるか、どんな角度で刺さるか、といったように自分の身体運動の結果がこれほどまでに繊細に如実に顕れるシステムも、なかなかないものなのです。

## 5 手裏剣で〝予知能力〟が養われる⁉

鶴田先生は、「打剣の稽古を重ねていくと、自分の打剣が、打った瞬間に、三間先で、どこにどのような状態で刺さるか、刺さらないか予知できるようになる」とも説いています。

確かに初心者は、打剣した瞬間、一間先の的に刺さるか、刺さらないかも分からない状態ですが、稽古を重ねると、打った瞬間に0コンマ何秒後の状況が予想できるようにはなります。これもある意味では、〝予知能力〟だと思います。

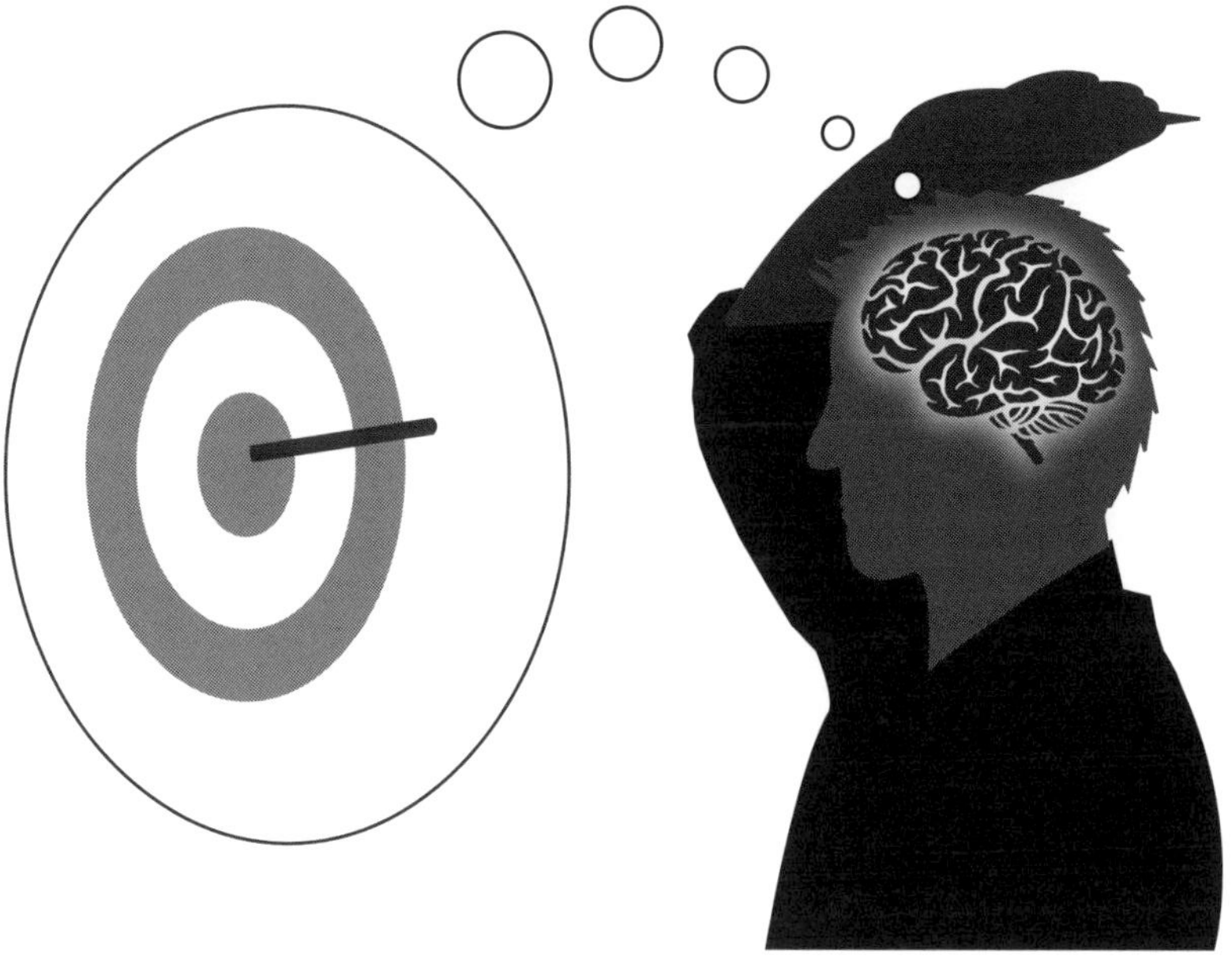



自身が狙った位置、手裏剣を離すときの速さや角度、タイミングに加え、上級者向けのミサイル型の手裏剣は、剣自らが蛇行するので、ナックルボールのようにその飛行中の動きは打った者にも掌握できません。戦いの場であれば標的は動くことも想定しなければならないので、ここにも経験値だけでは割り切れないもの、予知能力が必要になり、上級者の打剣は刺されという「念」も一緒に飛ぶようになるとの事です。

この予知がなぜ必要かと言えば、打剣後の敵の状況を予測して、連続して打剣を続けるのか、踏み込んでとどめをさすのか、間合いを更にとるのかという判断を遅れずに行うためです。つまりは、一般に〝瞬間的判断〟だと思われているような一瞬を競うレベルにおいては、実はこの〝予知能力〟が物を言うのです。

もちろんこれはあてずっぽうの予測ではありません。「こうすればこうなる」の経験則的集積の超高速計算です。タイムスケールを伸ばしていく事も可能です。

鶴田先生は、この〝先を読む能力〟を日常生活や仕事に活かしてこその手裏剣術であるとも説いています。

また別の〝予知能力〟も、手裏剣術においては発達します。

〝予知能力〟という言葉の響きからはオカルトチックな印象を受ける方も少なくないかもしれませんが、武術とは、もともと、敵の動きを読む事から始まる技術なのです。

剣術の新陰流の元となった「陰流」の「陰」とは、「いまだ発せざるにこれを知る心なり」であり、内面的、精神的な部分も含め事前に察する事だと伺った事がありますが、敵の目や筋肉、重心の変化の微細な動きで敵の行動を読む、併せて敵の内面、心や仕掛けの意図、精神状態を読むこと、これにより敵の行動を察知することを鶴田先生は〝予知能力〟だと説いています。



## 6 兄弟子、大杉漣さんと〝目付〟のこと

俳優の故大杉漣さんは鶴田先生の自慢のお弟子さんでした。私の兄弟子にあたる方です。

「大杉は打剣ができた。打剣は、標的となる敵の動きを予想し、手を離した後の手裏剣の刺さり方を予想する必要がある。また彼には、手裏剣に必要な広い目付ができていた。先が読めて、周りがよく見えていた。俳優として成功するのは当然だ。」

と話していました。

鶴田先生は、武術の修行とは、時を読み、場を読み、活機を窺う事のできる人間を作ることだとも説いています。

武術の動きを護身や体動に取り入れるだけでなく、状況を的確に把握し、タイミングを計る事など、培った能力を仕事や実生活に活かす事は、なかなかできる事ではありませんが、大杉さんはそれができた方なのだと思います。

手裏剣は他の武道、武術より遠い間合いを取ります。遠い間合いをとるという事は、その間合いの間で、敵や我は様々な動きをする、という事を想定しなければなりません。また手裏剣の軌道は必ずしも直進するものだけではありません。山なりの打剣や斜めに踏み込んだ位置から角度をつけて打ち込むことも術の内なのです。そして、有効な打剣のためには、敵の状況をよく見極めなければなりません。

「遠山の目付」という言葉がありますが、これは遠い山を見るように、全体を視野に入れるものです。見るともなく、全体を見る、広い目付です。

〝予知能力〟とも関係しているのですが、宮本武蔵は『五輪書』に、物の見方には相手の心理状況を看破する「観の目」と、肉眼で敵の動きを実際の動きとして見る「見の目」があると記しています。重要なのは、いかに気押されせず、落ち着いて、敵の動きを見る事ができるかです。普通は肉眼をもって狭い範囲を凝視してしまうような「見の目」に偏りがちですが、もっと全体を看取る「観の目」こそが大事であると武蔵は説くのです。

心眼を持ってみる事が大事なのです。

## 7 真の〝臨機応変〟

大杉漣さんの自伝的エッセー『現場者』の中に、当時の鶴田先生の稽古の様子が紹介されています。鶴田先生が、箸でもボールペンでも、尖っているものなら何でも手裏剣がわりに打って見せたという逸話です。道場の壁に便所の〝スッポン〟を打ってみせたとも書いてあります。棒状のものなら、どんなものでも応用可能であるという鶴田先生の教えを裏付けるエピソードです。

スポーツでは、一流の選手ほど最高の材質、最新の技術で作成した自分だけの用具を、常に入念にメンテナンスして試合に用います。これは〝最高の結果〟を出すためであり、そのために〝最高の状況〟を作っている訳です。

それゆえに、武術においても同じで、一流の武術家ほど高級で自分だけの特別な武器を使う、と考える方は多いのではないでしょうか？

実は逆です。

もちろん、手裏剣を修行される方の中にはサイズ、形状、材質にこだわり、鍛冶屋に注文して造ったオリジナルの手裏剣を用いる方もいます。時間とお金をかけて設計図から、的中率の高い手裏剣を追究する、などという事も行われています。しかしこれらはあくまでごく一部をなす要素であり、「自分はこの手裏剣でしか戦わない」などという武術家は存在しません。

お気に入りの手裏剣ならば最高な結果を出せるかもしれませんが、いざという時にそれが傍になかったら？　それが〝実戦〟というものです。

手裏剣は、約15センチ程度の小さな武器です。小さな武器であるがゆえに身の周りの物を代用できるのです。箸でもボールペンでも、なければただの棒でも、手裏剣として代用し得ます。できなければならないのが手裏剣術です。



手裏剣は極端に短い武器ですので、急所以外を刺したり斬ったりしても、相手に深いダメージを与えられるものではありません。そもそもそれ自体、大した威力を持つものではないのです。

こういう話をすると、より有利な短刀に代えて戦うべきだと考える人が出てきます。いや、ならば、いっそ、日本刀の方が良いと……考えはエスカレートしていきます。

これは、自分が敵よりさらに有利な武器を持って戦いたいという発想。術者の技量を上げるのではなく、用いる武器を強力なものにして、戦を優位に整えようという発想です。

しかし、これは武術の本質と、逆の考え方です。

現代の世の中は、長柄の器物を常に身辺に置くという事はできません。時代や環境は、限られた状況を作り出すという事を念頭におかなければなりません。そして、限られた状況下では理想の武器を手にできるとは限らない、というのが当然持つべき〝実戦観〟なのです。

つまり、〝武器の威力〟などは予め考えていても仕方のない事なのです。

武術とは「限られたこの状況で何とかするにはどうしたらいいか」という方法を考えなければならないものです。だからこそ「術」が生まれるのです。

例えば、数学で大切なのは、いかに沢山の公式を覚えているかではなく、いかにその場面に適切な公式を引き出せるかです。引き出せなかったなら、その公式抜きで何とかするにはどうしたらいいかを考える、その対処力こそが重要だと思います。

手裏剣は五寸という、ごく小さな武器です。「打剣」という、相手の攻撃が届かない遠い間合いから打ち当てる攻撃だけとっても様々なバリエーションがあります。そして、その「打剣」の動作は、相手を制圧するために踏み込む、ロング、ミドル、ショートの間合いで用いるさまざまな武器術、そして体術に応用が利きます。

当流は、手裏剣がかつて、刀を持てない場面で使われていた時の技法を参考にしています。剣の補助ではなく、体術と併せ、隠し武器としても使った手裏剣の用法こそが、和伝流が理想とする姿です。

強いて言ってしまうと、手裏剣術は、少なくとも当流の術に関してならば、それだけで「戦う事」「急場で自分の命を守る事」については最大限の効力、応用の可能性を発揮できるものだと思います。

武器がないなら、身の周りの物を武器に替える。それもなければ、体を武器として用いる。当流は、そんなことを真剣に考え、稽古している流派なのです。

つまり、これだけやっていればいい、どうにかなるというものだと自負しています。

現実に身を護り、戦うという事は、「どういう状況でも何とかしなければならない」というものです。それは間違いなく武術というものの本質です。

おおよそ武術というものは武器の威力を磨く術ではなく、それを用いる人間を磨く術なのです。重要なのは、箸をも手裏剣として機能させ得る、あなた自身なのです。

それが大事になってくるのは、帯刀していた武士の時代よりも、むしろ武器を用意して戦う事などほとんどなくなった現代の方、とも言えるかもしれません。

当流の手裏剣術は、打撃術でもあり、柔術でもあり、武器術でもあります。総合武術であると同時に、武術の〝粋《すい》〟なのです。

当流が最終的に目指すものは、「どんな時でも何とかする」ための技法です。この事を念頭において、ページを読み進めてください。

本書は、その武術の〝粋〟を集め、そして現代に大いに活用できる〝術〟としての手裏剣術を皆さんにご提案するものです。

# 第1章

# 手裏剣術の特性

## 1　投てき武器の威力と宿命

敵に物を投げつけて、当てたり、傷つけたり、自分の危難を逃れようとする技法は古くからありました。それゆえに、手裏剣の起源についても、諸説あります。

山梨県山梨市に、国の重要文化財にも指定されている古社、大井《おおい》俣窪八幡《またくぼはちまん》神社があります。この神社では、祭礼の際、川に向かって氏子が一斉に石を投げる水郷祭「石投げの神事」が伝承されています。

和伝流開祖の鶴田勲先生は、この山梨の古社で神職を三十三代務めてきた神官家の出身で、当流はその「縁」で、毎年、この神社で奉納演武をさせていただいております。先生は、一族が先祖代々伝えてきたこの神事に「和伝流手裏剣道」の起源があると話されています。

この勇壮な神事を見ると古の合戦の模様が頭をよぎります。戦場での石投げ「印字打」です。石を投げ、遠くから様子を見て、その後、騎馬等で乗り込み制圧する露払い的な用法ではなかったかと推察されます。甲州武田軍の印字打ちの一形態が現在に残っているのです。

確かに兜の上からでも、こぶし大の石が当たれば、かなりの衝撃が伝わるはずです。鎧の上から腹部にあたったとしても、相当なダメージがあったのだと思います。

白上一空軒先生が、かつて、「当時の武士の主力兵器は剣ですから、遠方から放たれる手裏剣に対しては、当然、不利となる。そこで手裏剣は飛び道具だと、軽蔑するように仕向け、やらせないようにした……」と述べられています。

手裏剣は、侍の主武器である刀に町人が対抗できる手段となり得ることから、町人にも稽古する者が現れたようです。しかし、侍の側からは、その実戦性の高さと速習性を危険視されました。

近接格闘で取っ組み合いや殴り合いをやるよりも、敵を近づけないうちに制圧できれば、その方が安全であるし、有利です。完全に制圧できない場合でも、敵の戦力を削り、相手の構えを崩すことができれば、次の攻撃が有利に展開します。

この自分の安全を図って遠くから攻撃することが、邪道の技とされ、江戸期には町道場を構えることを禁じられたそうです。これは侍を守るための措置だったのではないかと思います。

一方で、幕臣以外の各藩の侍が、多数、手裏剣術を身に着けることは、鉄砲をそろえるのと同様、幕府にとっても脅威であったと思います。幕府への遠慮から、これを控える動きもあったと聞いています。

しかし、その実戦的効果を重視し、武芸の一つとして、取り入れた藩もありました。代表的なものが、水戸、舘林、仙台の各藩です。その、仙台の流れが、当流とも関係のある、根岸流に繋がるわけです。

## 2 剣術の佐助兵器ではない、手裏剣の用い方

昔の武士は、腰に刀を差し、剣術を表芸としていました。離れたところから、打剣で崩し、ダメージを与え、近づいて剣術でとどめを刺すというのが、いくつかの流派に伝承されている手裏剣を併用しての戦い方です。現在も、刀術組込の型として、継承している流派もあります。手裏剣は、剣術と併用するという事が研究され、稽古されていたわけです。

侍は、手裏剣を剣術の佐助兵器（刀の補助的に用いる武器）としてとらえていたのです。そして、江戸幕府崩壊後、明治期に廃刀令が出てから、武術の修行は、剣術が衰退し、次第に無手の体術の割合が多くなり、それが現在まで続いている状況です。

主武器の剣術が衰退し、佐助兵器の手裏剣の存在も危うくなったという事だと思います。

もちろん、武器術を残そうとする動きがありました。このような状況が、いきなりできたわけではないはずです。榊原鍵吉先生のヤマト杖や頑固扇、ステッキ術など、その過程で剣と体術の中間的な武具や武術も生まれました。

私が疑問に思うのは、なぜ、この時、手裏剣術を、剣術との併用から、体術との併用への転換、体術に手裏剣を活かそうと考える方が発展しなかつたかということです。

しかし、それよりも、前に考えなければいけないのが、武士の時代に、体術と併用するような用法がなかったのかということです。

刀を差していない場合等、捕手等に用いられる「柔《やわら》」は裏芸とされていました。殿中など、剣術ではカバーできない場面では、「柔」が重用されたはずなのです。「柔」と言っても、場合によっては、暴徒や乱心者を取り押さえなければならないということを考えれば、懐に隠せる短刀や隠し武器を含んだ、総合的なものであったと思います。「やわら」とは江戸期において武術に用いられるようになった語で、〝力に対して力で対抗せず、別のものをもっての制圧をはかる方法論〟を意味します。そういう意味では、隠し武器とて有効な一手段になり得た事でしょう。



後に述べますが、手裏剣も代表的な隠し武器であり、このような場面では、掌剣術の技法は、特に有用だったと思います。

また、江戸時代に庶民は、刀を差すことができませんでした。護身のために身に帯びるものがあるとすれば、それは隠し武器にほかなりません。

主たる武器である刀を差さないのであれば、離れた敵には打剣、近づいた敵には掌剣やそこから派生した隠し武器で中間距離を埋め、体術につなぐといった手裏剣の使い方があったはずなのです。手裏剣等の隠し武器を主たる武器として、体術と併用する戦い方です。

しかし、このような庶民が護身のために使った手裏剣、掌剣の技術、隠し武器としての使用法は、時の流れとともに隅に追いやられ、忘れ去られようとしました。

現在の手裏剣術は、打剣の技術だけが、切り離され、主として稽古されるようになったものです。手裏剣術は、侍の世が終わり、刀を差さなくなって百数十年、依然として、動かない畳の的に向かって正面から打つという補助兵器としての稽古が続けられているのです。

腰に差す　刀なき世の　武士《もののふ》は
打剣《うつ》に併せる　和術《やわら》究めよ

この道歌は、「侍の世ではなく、日本刀を差さない時代において、手裏剣を修行する者は、打剣と合わせて、体術を修行しなさい」と説いています。

「私は他の先生とは違うよ、剣術ではなく、空手、柔術をやってきた。これからの世の中の事を考え、剣術ではなく、体術と融合する必要があると考えたから、新たな流派を起こした。剣術との併用であれば、前田先生に習った根岸流を修行すればよいのだから。」

鶴田先生の道場に初めて伺った時にお聞きした言葉です。和伝流手裏剣道は、根岸流手裏剣術　前田勇第四代宗家に学んだ鶴田先生が自ら起こした流派です。



鶴田先生は、剣術を主武器として、剣でとどめを刺す事を想定していた手裏剣術が、日本刀を差せない状況になったのにも関わらず、依然として、その一部を切り取って、稽古されている事に疑問を持ったのです。

中国の古典「中庸」のなかに「君子は時中す」という言葉があります。

「時中」とは時に適うこと、君子は「その時その場にふさわしい手を打ち、変化に対応して適切な処置を講じ進歩していく」というのが解釈になります。剣の世の中ではなくなったのだから、時代の変化に合わせ、体術との併用を考える鶴田先生のお考えは、まさに「時中」であるのです。

## 3　心は剣、型は弓

「心は剣、型は弓」というのは、手裏剣術の特徴を表した言葉です。

手裏剣術は剣術の別法、刀の延長として、切先を飛ばすイメージを持て、剣を離すということを軽く考えず、弓術のように、その一挙一動を大切にしなくてはならない、という意味です。

手裏剣術は、剣術の発展形態の一つとも考えられていました。剣を究極まで小型化し、隠匿性、携帯性に優れた武器として、その小ささを隠して戦う、また、手から離し飛ばすという技法で補う武術です。それゆえに、手裏剣は、投げると言わずに「打つ」と言います。剣術のように気迫によって、敵に打ち付けるという意味です。

剣の別形態なのだから、これを主武器にするという考え方は、当然成り立ちます。しかし、それ以上に、武士の主武器は刀か槍であるという考え方、手裏剣は、これを補助するものだという考えが、根強くあります。

武芸者が剣をもって敵対した場合は、防御及び攻撃の補助的手段、打ち込むための隙をつくる一方法であるという考え方です。

古来、手裏剣術は武芸十八般に挙げられた、武士の嗜みでありました。一方で「剣術のおまけ」と言った悪口もあり、社会的な認知度も低く、武道全般における手裏剣の地位も決して高いものではありません。

習得すべき目録の一つに挙げられているだけに、稽古した人も少なくなかったと思いますが、手裏剣術それのみを単独で稽古するのではなく、剣か槍を主に稽古し、従として、並行して修行が行われたというのが実態だったのではないでしょうか。

## 4 手裏剣術とは何か

寸鉄で　人は獣に　優るなり
虎狼《ころう》の牙も　わずか三寸

これは和伝流に伝わる道歌です。術理の多くを歌で伝えているのが、和伝流の一つの大きな特徴です。

「寸鉄」とは、長さ十数センチほどの短い鉄製の武器の名称ですが、言葉としては〝短い刃物〟も意味します。ここでは手裏剣と解釈して下さい。

わずか五寸程度の短く小さな武器「手裏剣」を用いれば、人は獣に勝つことができる。獣の中でも恐ろしい虎や狼であるが、その強力な武器「牙」はわずか三寸(約9センチ)に過ぎない、「手裏剣」も「牙」も要は使い方しだいであると道歌は説いています。

ここで着目してほしいのは、飛来する鷲や鷹のような猛禽類の嘴や爪でなく、地を駆け獲物に飛びかかって仕留める虎狼の牙を武器の例えに出している点です。手裏剣術は、空中からの攻撃だけではありません。

使い手により、武器の威力は大きくも小さくもなります、手裏剣は、五寸の短い刃物で、獣に匹敵する剣術や、槍術の使い手を倒すための技術を学ぶためのものなのです。

## 5 精神と手裏剣

日本の武術は、精神修養自体を目的にしなくても、技術とともにその精神が武術を支える重要な要素の一つになっています。

「術の先には心の修行がある」、「武術修行の後半は禅の世界の中に入り込む」などは、多くの武術家から異口同音に発せられる言葉です。修行が進むにつれ、体づくり、技術の習得から、心の修養的な要素が加わるものだと思います。

精神的な要素が必要となる「試斬、試割」を初心者から指導する道場は極めて少ないと思いますが、手裏剣は稽古初日から、本物の武器を用いて、的に打ち込む練習を行います。

打剣の稽古も殺傷力のある本物の武器を使っているという点においては、真剣の「試斬」と同様です。剣を持った侍が巻き藁に向かうが如く、気迫と覚悟をもって行わなければなりません。

普段から真剣をもって稽古する武術が少数派であろう事を考えると、手裏剣は〝最も身近な刃物武器〟と言えるのではないかと思います。剣先をちょっと指でつついてみれば、即、感じます。扱いを誤れば怪我をする事、そして他者を殺傷し得る物である事



がわかるでしょう。これも一つの〝実戦観〟です。この意識を持って修練すると、武術は自然に精度が上がります。

また、打剣の稽古は、基本的に一人で的に向かって修練します。だから、稽古相手ではなく、自分と向かい合わざるを得ません。

打剣術の稽古における成否は、「手裏剣が刺さるか刺さらないか」です。一打、一打、すぐにその成否が分かるのです。曖昧さはなく、打剣後の的に、その実力が如実に出てしまいます。それが、打剣の稽古の魅力でもあり、残酷な点でもあります。

「的に向けて打剣する」たったこれだけの事の中で、自分の思い通りに身体を動かす事の難しさを嫌というほど思い知らされます。自分の心を従え、打剣をコントロールすることの困難さをイヤというほど味わうのです。

「外の武術はごまかしがきく部分もある」と言うと語弊があるかも知りませんが、打剣術の稽古では、的に刺さった手裏剣の状態が全てです。

初心者は、何百本、何千本と、ただひたすら「刺したい」という気持ちで打剣し、刺さる確率を上げていきます。

稽古が進んで、どうにか手裏剣が刺さるようになると、今度は上下左右「刺さる位置を打ち分ける」技術が求められます。更には、水平に深く刺さる、威力ある打剣を目指さなければなりません。刺さる位置も角度も威力も、その結果が、直後に打剣後の的に如実に現れます。

そして、その打剣結果は、自分の胸の内だけにしまっておくことはできません。道場での稽古や演武会では、人の目があります。自分の実力が常に公表され、他人の知るところとなるのです。

的を外れたり、自分の狙ったところに刺さらなかったり、打剣中に「後輩より下手くそだ」、「有段者なのにあの程度なのか」と思われるのではないかと考え、心は穏やかではなくなり、なおさら刺さらなくなるという悪循環に陥ります。

上手く刺したいという気持ちは、力みを生じさせ、集中力を途切れさせます。打剣の稽古は、術者の精神状態が、如術に現れるのです。

また、手裏剣は集中しなければ刺さりません。雑念や少しの心の乱れが、如実に打剣に顕われます。そして、誰でも最初は、手裏剣が刺さらないことによる自己嫌悪に陥ります。

こう考えると手裏剣術の修行は、かなり早い時期から精神を鍛えられる要素が入っていると考えられます。

## 6 初撃の大事

的狙う　第一剣は　大事なり
最初落ちれば　次もあやうし

当流は、敵に見せる技は、敵が目にする最初でこの世で見る最後の技、生涯一度の奇襲攻撃であるという気概で、大切な初撃を打ち込めと教えます。そして、併せて、第一打目を成功させるために、手裏剣と手裏剣術の特殊性、優位性を考えなければならないのです。

剣術には「初太刀は生涯の勝負と思へ」という言葉がありますが、当流の手裏剣も初撃を大切にします。道歌は、第一打目の重要性を説いています。

なぜ、初打、第一剣が大事なのかということですが、手裏剣がほかの武器より優れているのは、隠匿性です。手裏剣は秘することが絶対条件、所持していることすら、隠して初撃を打ち込みます。

敵が予想だにしていない攻撃こそ、威力があるのです。一打目で、その攻撃を見られてしまえば、二本目の攻撃以降は、相手に備えができてしまうので、躱される可能性が高くなります。だから第一剣が大切なのです。

しかし、ものの初めは、誰もが緊張します。演武などでは、「刺さらなかったらどうしよう」という雑念も湧いてきて、ドキドキのあがった状況で的の前に立つことになります。最初の一打が刺さればよいのですが、最初の一本が外れたために、かなりのベテランでも、後の打剣はボロボロというようなことが起こり得ます。一打目を生涯一度の技と心得るように打剣しますので、外すとなおさら、後を引きずることになるのだと思います。

〝初撃が大事〟なのは、初撃で失敗してしまったらもう駄目、という事ではありません。当然ながら、最初の一打を外してしまったとしても、後の打剣を立て直さなければなりません。そういうメンタルが、自然に養われてきます。



## 7 的を外れた手裏剣の捉え方

外れたる　剣も相手に　隙造る
　目付をずらし　次打を助ける

百発百中を理想とする手裏剣術ですが、どんな名人、上手でも、外れることはあります。

自身の心身の状態に他にも、風や的の状態など外的な要因もあります。手から離す武器による攻撃に絶対はないのです。冒頭の道歌は、そんな失敗と向き合うための心がまえを説いています。

失敗を引きずらず、外れた剣も役に立っているというポジティブな考え方をしなさいと教えます。瞬時の心の切り替えです。

外れた手裏剣も、敵はその軌道を目で追っています。わずかかもしれませんが、敵の構えを崩している。次の一打のために有利な条件を作った、攻撃をつなげるために隙ができたと考えなさいという事です。

野球のピッチングに例えるなら、次のストライク、空振りのために、前の見せ玉、ボールがあるということです。

上級な技術の中には、フェイク、騙しのテクニックとして、あえて手裏剣を外す技法さえあります。

失敗をいつまでも引きずらない、マイナスをプラスに変える、心の持ち方が重要なのです。

「失敗」について考えるとき、私はいつも思い起こすことがあります。

子どもの頃テレビにかじりついて見た、モハメッ



ド・アリがジョージ・フォアマンに挑戦した世界へビー級タイトルマッチ、いわゆる「キンシャサの奇跡」です。

大人になってからビデオを購入し何度も繰り返し見返しましたので、そのシーンは鮮明に思い出すことができます。象をも倒すフォアマンのパンチに滅多打ちにされているアリは、サンドバッグ状態に見えました。実況のアナウンサーも「アリは何をやっているのか」と叫んでいます、あの試合を見た誰もがそう思ったのではないでしょうか。

ロープに追い詰められて連打される状況は、ボクシングの常識で考えれば、明らかにピンチです。連打を受けるアリは「失敗」しているようにしか見えませんでした。

しかし、急所は打たさず、ロープの反動を利用してパンチの威力を減じ、フォアマンの打ち疲れを待つ「ロープ・ア・ドープ」という戦法だったとは、アリ陣営以外にはわからなかったことだと思います。この後、突然反撃に出たアリはノックアウトで

勝利します。

「打っている」のではなく「打たされている」とはフォアマンにさえ気が付かなかったはずです。アリのインサイドワークの勝利でした。

失敗だと、その時点で判断し落胆するのではなく、流れの中で捉え、自らを有利に導くための布石に代えられるか否かを考えるべきなのです。

技術的にも精神的にも、次の一手に繋ぐことができるのであれば、「こちらが失敗したと相手に思わせること」は、戦術の一つとして〝失敗〟を活かせている訳です。失敗も〝布石〟として活かす事ができれば、次撃がより確実に決まるものになる。初撃から決めようとするよりも、良い結果に結びつける事ができるのです。

## 8 残心

残心は　残す心と　迷わずに
打った気力を　しばしそのまま



私は、武術がスポーツと決定的に違う点は「残心」の有無だと思っています。

サッカーのゴールは、激しくゴールネットを揺らすシュートも、ボテボテとやっと届いたようなシュートもゴールラインをこえたら一点です。また、ゴール後プレイヤーは、さまざまなパフォーマンスをします。

野球も、場外ホームランも、風に運ばれてヒョロヒョロとラッキーゾーンにはいったものもスタンドに入れば一点です。選手は、ベースを踏み忘れなければ、ガッツポーズをしてもいいし、チームメイトは手荒な出迎えをしてもかまいません。

決まった後、何をしても、ゴールはゴール、ホームランはホームランです。

柔道は、最高峰のオリンピックの舞台などで、技が決まった直後にガッツポーズやパフォーマンスをする選手もいます。

剣道はどうでしょう、竹刀が触れて、当たったと、ガッツポーズしてアピールしても、一本とはなりま

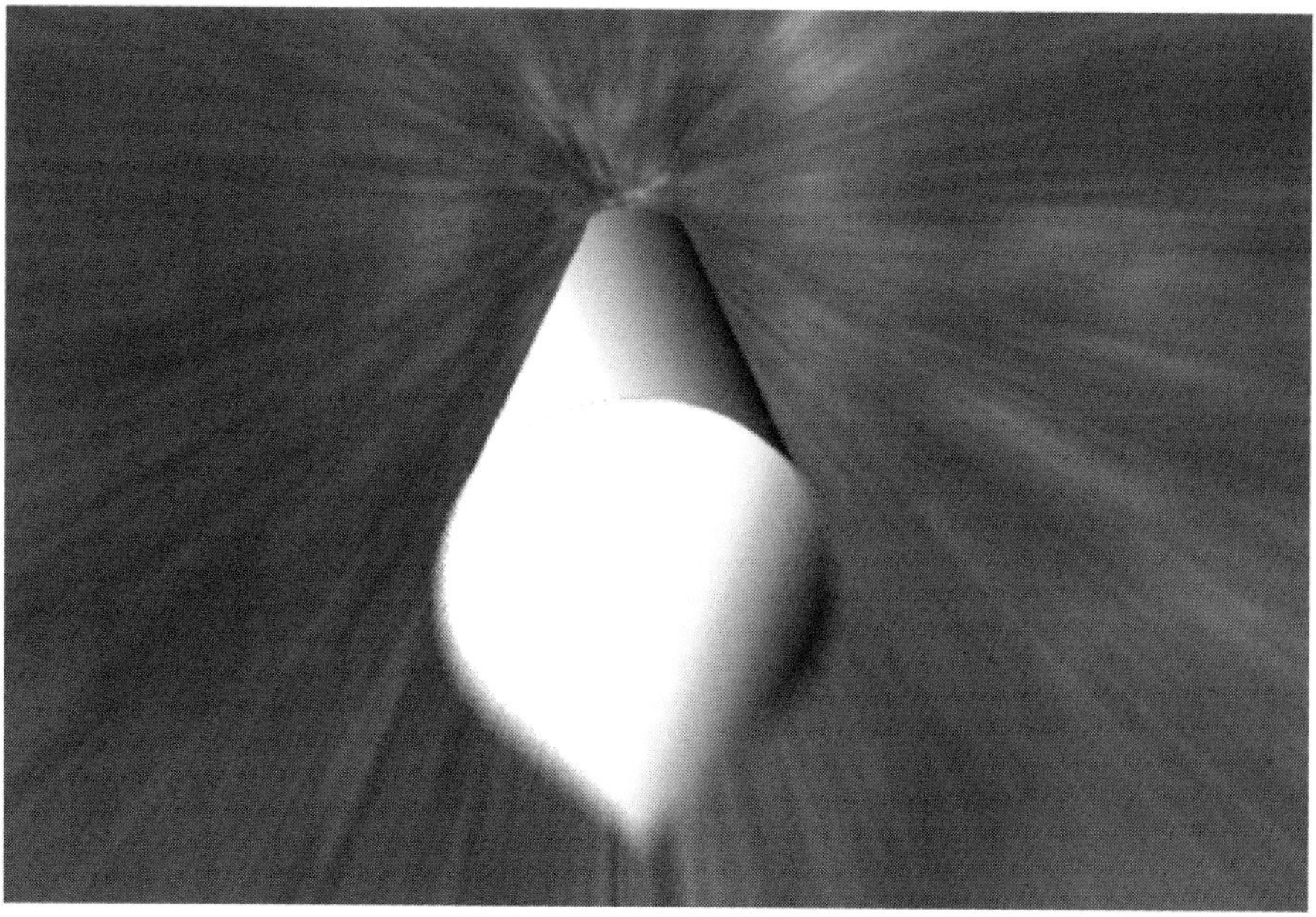



せん。打突した後に油断せず、相手のどんな反撃にも直ちに対応できるような身構え、残心があることが有効打突の条件です。正確に打ってなお、「何があっても油断しない」がなければ一本にはなりません。私は、武道・武術は、かくあるべきだと思っています。

手裏剣は、相手から離れて打剣するため、他の武道以上に残心を大切にします。手裏剣が当たっても、致命傷とならなければ、いつ踏み込んで斬られるかわからない、相手の反撃の可能性を意識して、絶対に油断をしないことが重要であり、他者を尊重することから生まれる謙虚さが求められます。打剣後の身構え、気構えの大切さを道歌は説いています。

私が打剣の稽古を始める門下生に、必ずかける言葉があります。それは「自分が打った手裏剣から目を離さないように」「刺さらずに跳ね返る剣に注意しなさい」です。

打剣の稽古では、自分が打った手裏剣が自らを襲うことがあるのです。的に刺さらず跳ね返った剣が、自分に向かってくるのです。近間での稽古はある意味で命がけです。

打剣の稽古は、剣を打つことに専心するだけではありません。剣の行方を最後まで確認することが、重要なのです。

跳ね返って飛んでくる剣に対しては一瞬の油断も許されません。打った後も気を抜かないこと、いつ起こるかわからない、跳ね返りという攻撃に対処する、身構え、心構えをきちんと取ること、まさに、「残心」についても、学んでいるわけです。残心、そして〝跳ね返る剣〟はいわば〝実戦観〟の象徴です。

鶴田先生は、「打剣の稽古は、ただ漫然と打つのではなく、時として、起こる、跳ね返りを敵の反撃に仮想して対処することも重要な意味を持ってくる」と説きます。そして、その教えは、手裏剣の最大の欠点についても語っています。それは、自らの得物を離す手裏剣術の最大のデメリットは、打剣に失敗してその剣が敵の得物に転じ得る、ということなのです。



私が、敬愛する小説家に今野敏先生がいらっしゃいます。現在は警察小説が主流になっていらっしゃいますが、武術を題材にとられた優れた作品も数多くあります。ご本人が本物の武術家であるということもあり、リアルな戦闘シーンの描写がいたるところにちりばめられています。

手裏剣を使う登場人物も描かれています。

聖王獣拳伝シリーズに登場する佐伯流活法の佐伯涼は、飛翔武器である「つぶし」と「手裏剣」を使います。また、秘拳水滸伝には、紫苑という手裏剣や如意珠（相手に向け指で弾き当てる玉状武器）を使う武術家も登場します。そしてこれらに共通している点は、手裏剣等の飛翔武器を起点として、体術に繋いで勝負を決している点です。

手裏剣が極め技へつなぐための牽制を目的とした武器として、当流が目指す戦闘スタイルに近い形で描かれているのです。

そして、併せて手裏剣の弱点についても描かれています。主人公が打って外れた手裏剣を敵が拾い、反撃にくるシーンも出てきます。

有効な打剣は稽古を積まなければできませんが、掌剣のように、手に持って、急所を狙ってくる攻撃は、自身が身に着けている武術の体動を応用すれば、困難ではありません。

手裏剣術は、敵に刺さらず、その近辺に落ちた剣、また、敵に刺さっても致命傷にならなかった剣は、敵の武器に代わるという事を考えねばなりません。打剣の心得がある敵なら、打った剣は敵の手に渡り、打ち返されるかもしれないのです。

## 9 体術との併用が必要な理由

武神館の初見良昭先生は、かつて、インタビューの中で、手裏剣について、こう話されています。

「刺さる必要はないんです。当たればよい。刃でも柄でもいいから。みんな刺そうと思うからダメなんです。また、刺さったとして、それで終わりじゃないんですよ。刺さったのを抜いて逆にかかってくるヤツもいますから。だから投げたその足で相手に向かっていかなきゃ。ナイフの一撃は、突破くらいに考えて、殴るなり、蹴るなりして、動きを封じないと殺されちゃいますよ。お祭りで射的やっているんじゃないんだから。」

初見先生は、殺すか殺されるかという状況下では、多少の外傷などは、大きな戦力の低下にならないということを仰っているのだと思います。

現代にあって、実際に手裏剣を使った戦いとはどのようなものになるのでしょうか。実際に手裏剣を使うなどあり得ない、と現代の感覚からしたら思ってしまいますが、鶴田先生はその戦いを目撃したという貴重な体験をお持ちなのです。

実際に手裏剣が使われた戦いをご覧になったのは、当流を起流する前、訳あって一流企業を退職され、肉体労働に従事していた頃の話だそうです。かなり昔の話であり、記憶のあいまいなところもあるという事ですが、戦後の復興期に建築現場で、屈強な体を持つ者同士の対決だったそうです。

手に角材を持った相手に対し、手裏剣を使った者が勝ちを制したとのことです。

その時使われた手裏剣は、五寸釘を加工したものだったそうですが、手裏剣を持った方は、角材を持つ相手に対し、接近戦を避け、間合いを図り、三間半ぐらいのところから打ったという事です。数発打剣した剣のうち、肩と横腹部と太腿の横に三本が命中し、いずれも致命傷にはならなかったとのことです。手裏剣の攻撃で崩れ弱った相手に飛び込んでいき、殴る蹴るの打撃で勝負がついたそうです。

鶴田先生は、この戦いをご覧になって、これまでの手裏剣術の稽古方法や想定している戦い方に疑問を持たれました。それは、人間の防衛本能と生命力の強さを考えなければいけないということです。

敵は、打剣の攻撃姿勢を見て、受攻面積を少しでも減らそうと、横向きになり、体を屈め、頭部を腕でもかばいますので、急所を狙う事が非常に難しくなります。敵が動かずに正面を向いて、攻撃を待っ



ていてくれるという状況はあり得ないのです。

重量のある手裏剣なら、どこに当たっても深いダメージを与えることができるという考えもありますが、重い手裏剣は、数多く持つ事もできませんし、長い間合いで使用することが困難です。なによりも、使う側が、命まで奪うという決意がない限り、重い手裏剣は使えないのです。

これまでの手裏剣の稽古は、敵が正面を向いていることが想定されてきました。急所が集まる顔正面の大きさ、八寸大の的に刺すことを訓練している流派があったということを聞きますが、敵が防御姿勢をとった場合、これは現実的ではないという事になります。

現在の手裏剣の稽古には、敵が横を向いたり、体を屈めた時の想定がないのです。

初見先生が仰っているように、生死を分けるような戦いにおいて、急所を射抜かれない限り、戦いは終わりではありません。手裏剣が避けられない場合は、ダメージの少ない体の部位で受け、刺さった手

裏剣をものともせず、引き下がらずに、向かってくるという状況、手裏剣が刺さっても、戦意を喪失しない場合があるのです。打剣後、敵の崩れに乗じてとどめを刺すという想定がなければ、決め手を欠いているとされても仕方がありません。

鶴田先生はこの戦いを見て、動きの中での打剣、打剣をきっかけとした、次の攻撃へのつなぎなど、手裏剣の稽古の在り方を見直さざるを得ないと思われました。手裏剣が、致命傷を与える武器でないのなら、とどめを刺す技術を別に加え、武士の世の中ではなく、現代にあった手裏剣術を完成したいと考えられたのです。

「武術とは活機を窺う修練だ」とも言われますが、打剣より作った活機を逃さないことと直後にとどめを刺す技法を併せ持つことが重要なのです。

手裏剣を野球に例えるのなら、手裏剣術はピッチャーとバッターとの駆け引きです。外野手がバックホームのため、遠投するボールではないはずです。理論だけでなく、実際に有効な武術とするために屈強な敵と戦ったとき、手裏剣を外され、または、手裏剣が致命傷とならなかった状況で、その後をカバーする技法を知らなければ、踏み込まれて、力任せに制圧されることは目に見えています。

打剣や型が上手くても、戦いは完結しない、決め手を欠いては、武術としては不完全なのです。

当流は、手裏剣で作った隙をどう攻めるか、手裏剣で攻めるために、どのように敵を崩すか、打剣の前と後ろの戦いをカバーする必要性を感じて編まれた流派です。

そして、鶴田先生は、武術を理論だけでなく、実際に有効なものとするために、敵の力を肌身で感じたことの有無を問題にされていらっしゃいました。ある程度の試合経験がなければ、敵との間合いや駆け引きが分からないということだと思います。

私は、明治期の警察官を曽祖父に持ち、陸軍将校の大叔父を輩出した家で、物心ついた時から武術に親しみ、柔や武器術などある程度のことはできるように仕込まれました。

空手時代、大会で優勝した時の一コマ。



小学生時代から、並行して空手の修行をし、決して一流の選手ではありませんでしたが地域の大会で優勝するレベルにありました。

また、柔道や中国拳法も修行し、古流も三十代後半から、八光流柔術の免許皆伝をいただき極意である三大基中の許しをいただいております。

和伝流には、私よりも打剣術の上手な先輩方がおられます。

しかし、鶴田勲先生が、私を宗家に指名した理由は、その体術にあったとも考えています。

後に述べる、手裏剣を現在に活かすため、前田勇先生が鶴田先生に託された「山井流柔術拳法」を発展させ、整理するための人選だったのではなかったのかと思っています。

## 10 鶴田先生が創流の過程で出会った二人の達人

鶴田先生は、東京大学を卒業業後、一流企業に就職され、人生のエリートコースを歩まれていましたが、思うところあって、この企業を退職され、肉体労働、ホテルの清掃など職を変えながら手裏剣の道を究める、波乱万丈の人生を送られています。

しかし、鶴田先生は武道家としては、とても恵まれた方だったと思います。それは、武道界の伝説といわれている二人の達人に直接手を取ってもらい、教えを受けられたからです。

## ◉大塚博紀先生（和道流空手道初代宗家）

東京大学に入学後、鶴田先生が在籍されたのは空手部でした。先生は現在でも、東大の空手部と関わりを持ち、八段を允許されていますが、この時代、指導を受けられたのは、和道流空手道の初代宗家、大塚博紀先生でした。

大塚先生は、和道流の空手に加え、請われれば、柔術拳法、神道楊神流の柔術の技術も併せてご教授されていたとのことです。

鶴田先生は、この時にご覧になった大塚先生の「無刀取」を生涯見た中で、最高の体術だと感銘を受けられたとのこと、「あれだけの技ができる人は今後も出てこないであろう」と、私にもそのご様子を何度かお話ししていただきました。

開祖がこれだけ、大塚先生に薫陶を受け、身につけられたその体動や考え方が、当流に入っていないといえばうそになると思います。

## ◉前田勇先生（根岸流手裏剣術第四代宗家）

東京大学卒業後、鶴田先生は、家伝の手裏剣術と大塚先生にご教授された体術とを融合し、時流に合った手裏剣術を創始しようとされました。

しかし、ここで壁に当たります、体動や理合いが異なる武術を同じ人間が使う技術として、どうやって一貫性をもたせるのかということです。

その課題を解決するため、先生は、ご親戚の薙刀の師範の紹介で、当時の手裏剣の第一人者、根岸流第四代宗家前田勇先生の門をたたきます。

前田先生と鶴田先生の関係は、入門して手取り足取り、手裏剣のイロハから教えを受けるという師弟関係ではありませんでした。

入門の時、鶴田先生は、前田先生に対し、ご自身の手裏剣に対する思い、考え方、手裏剣と体術と融合させることの必要性をお話しされたそうです。

前田先生は、その話を聞き、鶴田先生の家系や、東大で大塚博紀先生から体術を教授されたことを考慮し、ほかの門下生とは異なる教授方法を取られたようです。

「どうだ、参考になったか」というのが、いつも稽古の後に、前田先生から鶴田先生にかけられた言葉だったとのことです。

前田先生は、手裏剣術と体術の根幹をなす「卍巴の型」と道歌をお示しになり、鶴田先生の求めに応じ、手裏剣を活かすための体術として「山井流柔術拳法」を教授されました。

これにより体術と手裏剣術が融合されたのです。



## 11 和伝流手裏剣道併伝、山井流柔術拳法

浅くとも　よしやまたくむ　人あらじ
　我にことたる　山の井の水

「山井流」の流派名は、西行法師の和歌から取ったものだそうです。

「山の井」とは、山中の湧水が溜まってできた井戸を言います。人工的に掘ったものではないので、さして深くはありません。

「こんな浅く、だれも飲まないような井戸であっても、私の喉を潤すには充分である。」

字句通りの解釈としてはこの通りです。しかし、その真意は、山は、樹木が多く、その根が多くの水を蓄えている事はだれもが知っている。それを誇らず、のどの渇きを潤すささやかな水を提供する。奥深いものを有していることを誇らず、求めに応じ与えるというのが、この歌に隠された「山の井」の精神です。

前田先生が蓄えている多くの武道の中から、鶴田

先生の喉が乾いている部分、必要な部分を、求めに応じて示したのが山井流柔術拳法だと思われます。

「山井流」「山ノ井流」という名称で前田勇先生が継承していた流派を綿谷雪先生、山田忠史先生が昭和五十年代編纂された「武芸流派大事典」で調べてみると、軍法・手裏剣の流派であると記載されています。

現に鶴田先生の弟弟子にあたる甲野善紀先生の著作には、手裏剣の流派として登場しています。しかし、鶴田先生に伝えられたのは、「柔術拳法」です。手裏剣術ではありません。

ご教授いただいた内容や理合いを考察すると、前田先生が継承しているいくつかの武術から編まれ、鶴田先生の外、ごく限られた者に伝授されたオリジナルの武術のようです。

「柔術拳法」と名付けたのも、鶴田先生が習われていた和道流柔術拳法を意識された前田先生一流の諧謔《かいぎゃく》かも知りませんが、柔術の組技、拳法の打撃技を併せ持ち、状況に応じて、短刀などの穏剣を用いる、本当に欲張りな流派です。

甲野善紀先生の著作の中に、前田先生が甲野先生に対しては、「君はこれを元にして甲野流を作れ」と説かれたとの一節が出てきますが、同様に鶴田先生に対しては、「これからの世の中、剣術よりも体術が役立つこともあるだろう。手裏剣の型を体術で用いよ。体術の動きを手裏剣の中に取り入れよ」と仰ったとのことです。

前田先生は、ご自身が数流の古流手裏剣術の宗家であったため、立場上できない、剣術ではなく、体術との併合という手裏剣の発展形態の一つを鶴田先生に託されたのではないかと思います。

和伝流は、現代において、手裏剣と体術を表裏一体とすることを重視し、打剣で崩したあとの対処法を修めるために、編まれた流派です。

## 12 武器術が目指す両端に進化した武器

「武器術は長いものから順に小さいものへと学な

び、徒手に至る」とは、多くの流派で言われていた修行の段階を指すものです。

大刀から小太刀を経て無刀での対応を学ばせるという、剣術流派の修行の過程をうかがったこともあります。また、古来より、剣、槍、棒などの武器を持った敵に対し、短い武器を用いて、どうしたらその手元に付け入れるかが研究されてきました。

五寸の長さの武器を用いる手裏剣は、出発点から、無刀に近いわけです。

暗殺や特殊な役割を果たすため、剣を可能な限り、小型化して、手に隠れるほどの短い武器として使用したのが、手の裏に隠す剣「手裏剣」の原点であり、敵にわからないように手に隠し持ち、不用意に近づいたり、組みに来たところ、直接刺したり斬りつける戦法は、素手だと思って油断している敵に対して、大変有効だったと思います。これは、「無刀」の極意の一歩手前に位置するものだったのだと思います。

一方で火薬を用いる砲術や、弓術など、遠い間合いから、攻撃可能な武器が有効であることから、手に持って攻撃する長い武器も研究されています。長い武器の代表格である槍は、用途により、様々な長さの物があったそうですが、戦国時代、合戦の最前線の足軽がつかうものの中には、三間（約540センチ）以上の長さがあったと聞いたことがあります。戦国時代だとは言え、5mを超えるような長さの武器の運搬には、並々ならぬ苦労があったと推察されます。

手裏剣は、五寸と短い武器で携帯性に優れながらも、手から、投げ打つという手法で、これらの攻撃距離を上回ることが可能です。

こう考えると、手裏剣とは、柔軟な発想により、武器の理想の両方向を兼ね備えた武器であり、多様性を追究し、戦い方を自由に組み立てることができる武術であるのです。

現代における手裏剣の在り方を問うには、ここまで述べた手裏剣の長所や短所、その特性を充分に踏まえることが重要になります。

第2章

# 手裏剣術の身体の使い方

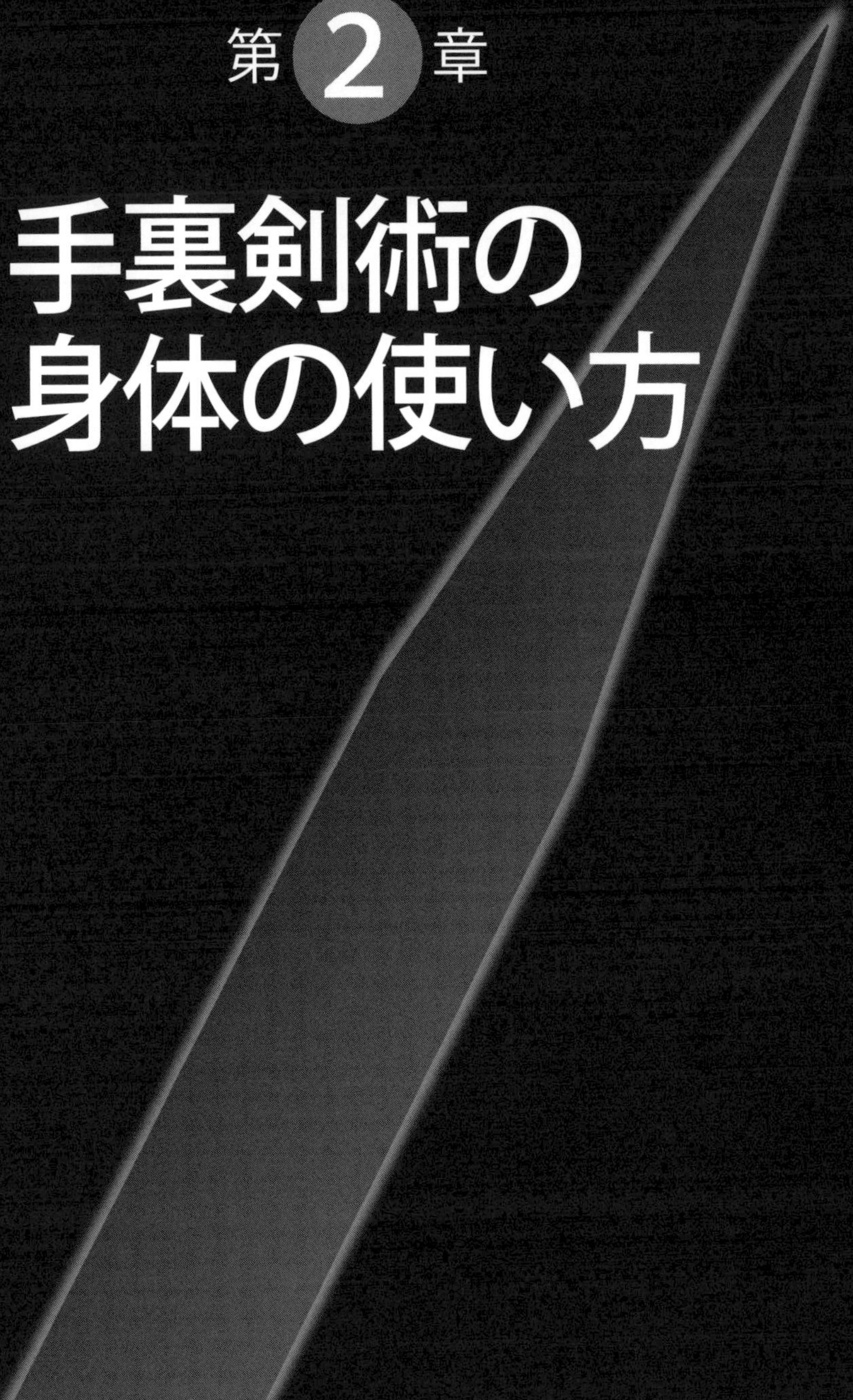

## 1 すべてをできるようにしてくれる〝たった一つの型〟

無手得物《むてえもの》　打剣掌剣《だけんしょうけん》　異なれど
動きは同じ　卍巴《まんじともえ》ぞ

この歌は、打剣術、掌剣術、別伝部分の体術、武器術は、手に武器を持っていようとなかろうと、敵が離れていようが、近接していようが、「卍巴の型」が示す体動で対処しなさいと説くものです。

「卍巴の型」は、和伝流において、通常の稽古で行なっているたった一つの型です。

私が、鶴田先生から短刀術を初めてご指導いただいたとき、「えっ」と心の中で驚きの声があがりました。短刀の素振りなんてしたことがないのに、その打ち込みがなぜか、以前から行っているようにできるのです。横に払う斬り技も、腹部への突き技もそうでした。

「直打が打ち込み、逆打ちは横斬り、逆袈裟は斬上げ、下打は突きだ」

不思議そうに稽古をしていた私に先生が声をかけてくれました。

打剣の稽古により、短刀術に使う筋力や動きが、自然と身についていたわけです。

「打剣の稽古は、短刀術の素振りにもなっているんですね」と私が答えると、先生はかすかに微笑まれ、「短刀だけではないよ、短棒、杖、体術、暗器もみんなそうだ、打剣は、手裏剣の打ち方だけの稽古をしていたわけではない、体を作り、精神を練り、共通することを教えるためにある」と仰いました。

例えば、直打（序章にあげた「直打法」「回転打法」の意とは別に、手を上から前下方へ振り下ろす打法を「直打」と呼ぶ）の稽古で、手を振り下ろす動きを繰り返す事で磨かれる「理」は、手裏剣術でも、短刀術、素手の当身でも、相手の手を捕って投げを打つ場合でも、およそ手を振り下ろす動きに関しては使えるものなのです。

一つの型を共有し、その型により心身を練り、体

## 打剣の実際（直打）

最小限の無駄のない動作。さして“力投”していない風でも飛翔過程の剣の姿は見えず、狙われたら避ける事は不可能なレベル。

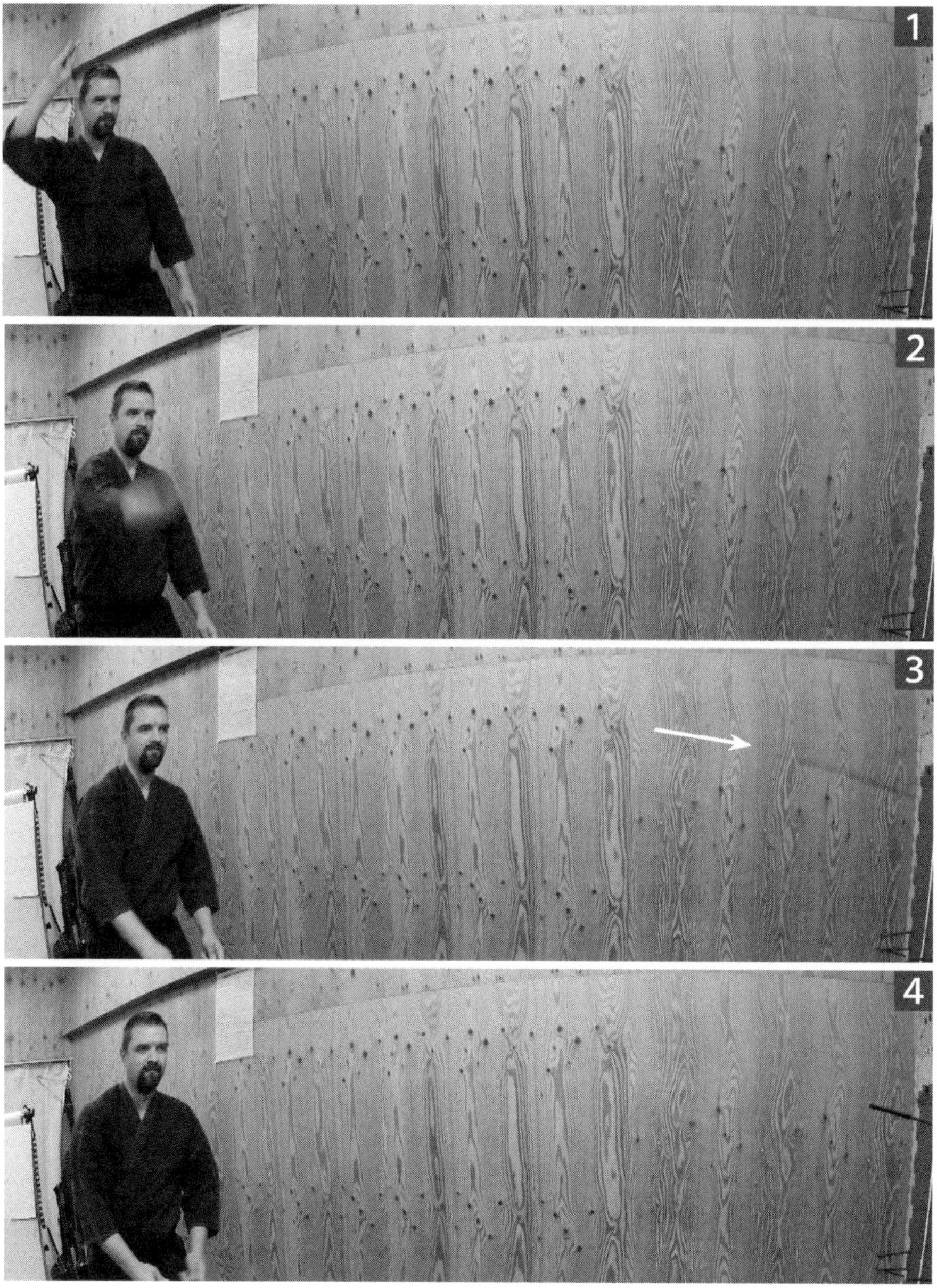

の使い方を身につけるという方法が、当流には存在するのです。

実際に「卍巴の型」を見ていただくと、そのあまりのシンプルさに驚かれる方も多いでしょう。（次ページ写真参照）

本当にこれで〝すべて〟ができるようになるのか、と不安に感じるかもしれません。

手裏剣術が求める身体操法は、実は恐ろしくシンプルなものです。〝ただ、手を上げる〟〝ただ、手を振り下ろす〟……この程度の事なのです。でも、この程度の事が、実は普通の人はできません。

これは武術の動作すべてに共通する宿命なのですが、どうしても「より良く行おう」としてしまうのです。具体的に言えば、「的に刺そう」「狙った所に精確に当てよう」「速いスピードで力強く手裏剣を飛ばそう」など。実戦で〝相手〟がいるような場面では、もっと多くの思いがよぎります。この意識はどうしても〝力み〟や緊張となって、やろうとする運動を必ずロスさせます。勢いもロスさせるし、精確さも損ないます。

例えば、毎日行なっている歯磨きで、歯ブラシを口に持っていく動作を考えてみて下さい。直接目で見たり、鏡に映る姿を見ながら調整したりせずとも、〝スッ〟と精確に口に持っていく事が誰でもできると思います。これは身体運動をロスさせるような意識がまったくないからです。これは実は〝完璧〟な運動になっています。

この〝ただ、歯ブラシを口に持っていく〟ように武術の動作を行なえれば良いのです。しかしこれの何と難しい事か。

「卍巴の型」で求めているのは、〝ただ、手を上げる〟〝ただ、手を前に出す〟くらいの動作です。実際、この一連動作の中には、打剣に必要な動作はすべて入っています。

しかし、手裏剣術のみならず、体術等にも応用できるほどの用が足りているのか、となるとどうでしょうか。

掴まれた手を解いたり、相手を崩して投げたりと

## 卍巴の型（左右逆も同様に行なう）

結び立ち（両踵をつけ、つま先を45度に開く）から、

つま先を閉じて閉足立ちになり、

右足を引いて再びつま先を45度に開く。

腰を正面に切って下半身を作る。

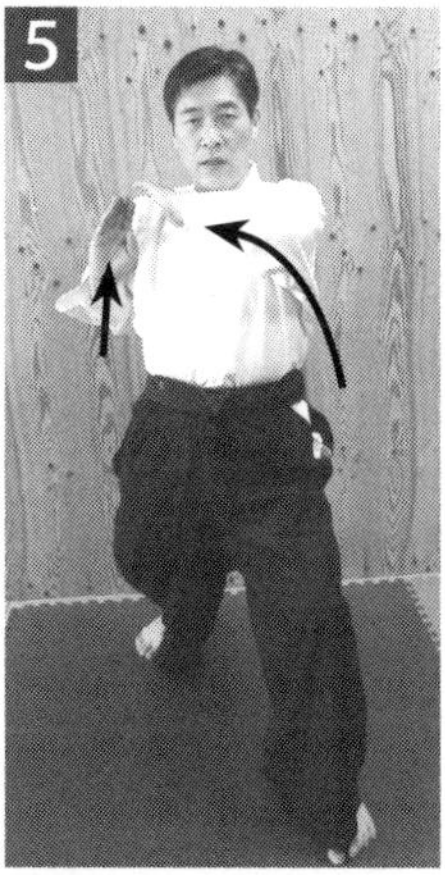


右掌を正面に向け、肩の高さに。左掌を下に向けて右手指先のあたりに。

左手を前方に水平に伸ばし、

左手を下ろしながら、右手を右耳の脇まで上げる。（卍巴の構え）

いった技はもっと複雑そうです。しかし、それでもちゃんと足りているのです。

複雑そうに見える体術の技とて、あるいは崩しとて、それを構成している動作は、〝ただ、手を上げる〟レベルのシンプルなものです。このシンプルな動作を最高のクオリティで行なう事ができれば、技も崩しも手解きもかないます。

次ページ写真は、掴まれた手をはずして相手を崩す「手解き」の一例です。

相手が上から抑えつけるように右手首を掴んできます。この手をはずすには、左手で相手の右手を固定したり、右手を右や左に捻るようにしないとできなさそうに思いがちです。しかしさにあらず。なんと、そのまま真っ直ぐ上に上げるだけで手解きはかなうのです。上げるほどに、相手は掴みづらく力も入れづらい格好となり、矢筈《やはず》（〝Y〟状にした親指〜人差し指間に相手腕が乗る形）に至ってついに手は自然にはずれてしまいます。

相手の抑えつける力に抗おうと意識してしまうと歪んだ動作になってしまって上手くいきません。前ページの「卍巴の型」において右手を上げていく動作、それができればいいのです。



## 2 〝未完〟の型

「卍巴の型」を見ていただければお分かりだと思いますが、これは直打（上から前下方へ振り下ろす打法）動作です。しかし、手裏剣が手を離れる前の段階で型動作が終わってしまっています。打剣の型にも関わらず打剣動作を完遂しない〝未完〟の型なのです。

これはいわば、空手ならば拳を〝突く前にやめてしまう〟、剣術ならば〝鞘から刀を抜こうとする状態でやめてしまう〟ようなものです。そんな型などあるでしょうか？

まず言えるのは、〝本当に大事なのはここまでの所〟だという事です。

## 手解きの一例

掴まれた手を真っ直ぐ上に上げると、自然に相手の手を〝矢筈〟にとらえる形になり、手解きがかなう。その手を相手の空いた脇腹に突き出し、崩す。

掴み手を解くためにはつい、左右へ捻ったりしたくなるが、実は真っ直ぐ上げるだけで完全な手解きが成立する。ここで行なっている動作は右手を〝ただ、上げて〟〝突き出す〟だけ。

現代の感覚、あるいはスポーツの感覚で言えば、野球のバッティングにせよピッチングにせよ、「バットをスイングしてボールに当てる」「腕をスイングしてボールをリリースする」所こそが〝結果〟を出す部分ゆえに、ここの形の最善を研究し、その形に近づけるよう努力します。

ここには一長一短があって、この〝形に近づけていく〟作業に、必ずある種の無理が生じるのです。それでも最高のスイングスピード、パワーを実現するためにはとそれを行い、それを繰り返し行なっていく中で無理を削ぎ落としていくのですが、手裏剣術においては最初からその無理が生じる危険性を排除しているのです。

これが武術の本質とも言えると思います。例えば、体術的な、何らかの投げ技に置き換えて考えてみます。

投げ技は、投げるその前段階の〝崩し〟で決まります。相手を投げる腕のスイングスピードやパワーが大きいから投げられる、というものではありません。

技は、〝その前〟で決まってしまっているのです。完璧なセットができれば、自然に最高の打剣がかないます。

これは当流に限らず、手裏剣術流派の多くに共通しているところだと思いますが、実はその〝打剣フォーム〟には個性が認められています。現代の「制定居合」のような世界から比較すると違和感を覚えるかもしれませんが、これはこれで武術の真理だと私は思っています。

手裏剣の打剣は、剣術以上に術者の個性が出ます。同じ型を使っても、使う人間の体格や身体能力の差で動きに大きな違いが出てきますが、打剣については、得物を自ら投げ打つので、十人いれば十人、離す角度やタイミングが異なってきます。一人一人に打剣の癖が生じます。プロ野球選手のフォームに個性があるのも、結局同じ事なのかもしれません。

手裏剣には、「万打自得」という言葉があります。一万本の打剣の稽古をすれば、自ずから、最高の打剣が手に入るということを意味します。手裏剣の打剣は、最後の手離れは自分で最もよい感覚を見つけなければならないのです。

型を己のものにするには、稽古や経験を通じて、自己の癖と型を一体化させなければなりません。武術の究極は、自己の最高の形を創出することですが、手から離すときの微妙な感覚は、人から教えられてできるものではありません。ここは、型をなぞれない部分なのです。

手裏剣においては、最後の重要な部分をどう工夫してレベルを上げるか、型を完成させるかは、修行者本人に委ねられているのです。

卍巴の型が〝未完〟に終わっている理由のもう一つには、臨機応変な判断と反応を殺さないための配慮です。この型が、打剣だけの型ではない、という意味合いです。

距離が近くなれば、打剣技を瞬時に掌剣技に変える。連続打剣で、手裏剣が尽きれば、柔術拳法に転換する。最後の動きは敵や状況により変わるものです。当然、打剣と掌剣技とでは、厳密に言えば最終形態が違ってきます。この〝枝葉〟の部分の違いを別物として修練する方法論もありますが、当流では〝幹〟部分の充実をもって、その先の〝臨機応変性〟を活かす、という考え方です。

## 3　卍巴の型　詳解

ボール投げは経験があるけど、手裏剣は未経験、という方が多いと思います。そういう方がボール投げと同じようなつもりで手裏剣を打つと、まず、刺さりません。手裏剣の打剣には、ボール投げとはかなり違った体の使い方が包含されています。

まず、打剣動作において掌を標的に正対させる、という事です。ボール投げならば、大体指先が標的に向き、掌は下に向くような形になるでしょう。でもそのように打剣すると、剣先はお辞儀してしまって刺さりません。（17ページ参照）

結び立ち（両踵をつけ、つま先を45度に開く）から、

つま先を閉じて閉足立ちになり、

右足を引いて再びつま先を45度に開く。



この事は、〝打剣動作〟そのものこそ「卍巴の型」には表れていませんが、掌を正面に向けて耳脇に上げる最終動作（51ページ写真7）に象徴されていると言っていいと思います。

そして、腕を体からあまり離さず、腕の力ではなく体幹から全身を連動させるようにして打つ、という事です。

腕を体から離さない、というのは、動作をコンパクトに素早く行なう、という意味合いも強く持ちます。

これらが卍巴の型に秘められた〝大原則〟ですが、もう少し細かくみていきましょう。

## ① 〝足の向き〟の意味

冒頭、45度開いていたつま先をいったん閉じ、足を引いてから、その引き足のつま先を再度45度開きます。

無駄な挙動のように感じられるかもしれません。ここには身体構造上の要件が含まれています。

人間が動く方向は膝の向いている方向です。後ろに下がる場合も同様です。膝が向いている方向の後ろに動きます。それが無駄、無理のない操作です。

つまりここでは、右足を真っ直ぐ後ろに引く動作のために、足の向きを正面に戻しているのです。

もちろん、足を外に開いた状態のまま、下げる事もできます。その方が速い、と思う方は多いでしょう。しかしここでは、〝無駄、無理のない操作〟を優先し、ロスのない身法を実現しているのです。ロスのある身法を重ねて速さを追究しても、〝無駄、無理〟を蓄積させていく事になります。最初から掛け違えている訳です。

これが型というものです。〝こういう風に動けば実戦で有効!〟という形《かたち》を示すものではなく、その内実こそが大事なのです。〝無駄、無理〟のない身法が身につけば、動きは自然に速く、強くなります。

開きの角度「45度」にも意味があります。

それはやはり〝動く方向〟です。45度方向に動く体捌きこそが当流の基本なのです。それは最初の



立っている状態にも包含されている必要があります。いつでも斜め45度に動ける状態が前ページの写真1です。

また、身を低くする上下の体動も多用するのですが、つま先を閉じた閉足立ちではしゃがむ動作が著しく不自由になります。

ただ立っているだけのようでもありますが、実はこういった〝動き〟が包含されている状態なのです。

「45度」の斜め移動は、相手が正面にいる場合、非常に有効な身捌きとなります。

もし相手が最短に襲いかかってくるならば、真っ直ぐ突っ込んでくる形になるでしょう。それに対して距離を維持するように真っ直ぐ下がるのは、さらに相手に継がれて追いつかれるだけです。真横に身を躱そうすれば、早い段階で相手に察知され軌道修正されてしまいます。

しかし、斜め前45度に出ると、一瞬で優位ポジションを取る位置関係になります。よく「サイドに回り

# 斜め45度の身捌き

正面の相手が真っ直ぐ最短に斬り掛かってきたら、斜め45度前に出る。相手の攻撃動作の修正もきかないまま即座に相手の側面を取る優位ポジションとなる。

## 逆打

右に持った手裏剣を左耳脇から打つ。コンパクトで即応性に優れた打法。

卍巴の型における、左手を右サイドへ上げる動作（51ページにおける写真4～5）が逆打動作に相当する。

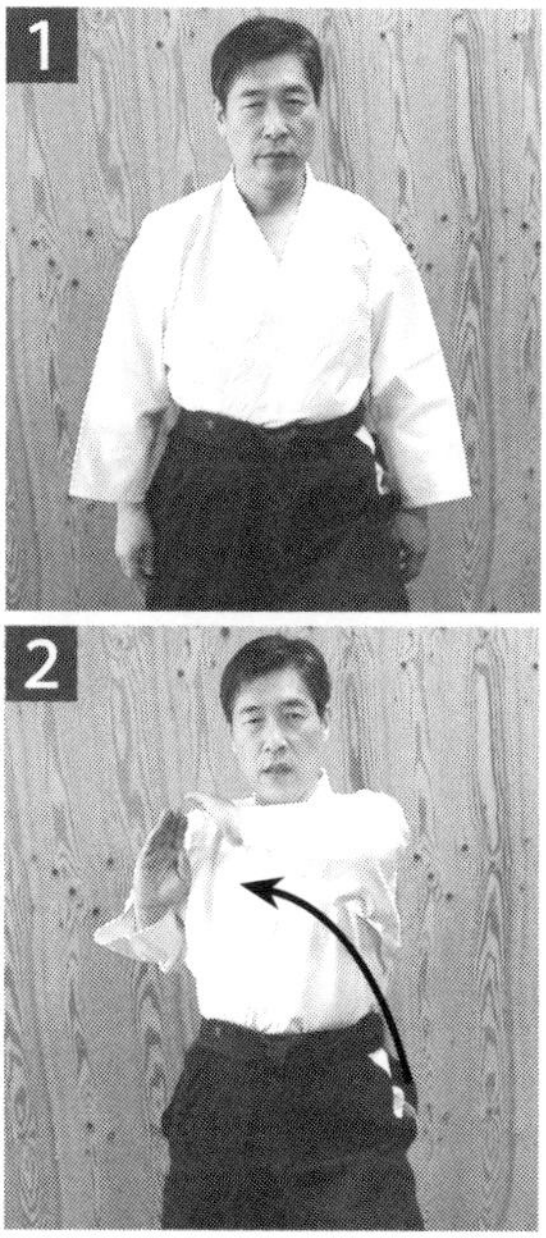



込め」などと言いますが、それは実は円弧状にグルッと動く必要はありません。この斜め45度方向に真っ直ぐスッと動く移動が、結果としてそれになり、しかも最速です。

その場で対処するか、回り込むか、身を低くして対処するか、そのいずれもに即座移れるのが最初の結び立ちです。

### ② すべての攻防動作が含まれる

卍巴の型は、直接的には「直打」を示す型ですが、実はその中は他の打法も含んでいます。この型を修練すれば、直打以外の打法もできるようになるのです。

上掲写真は、手裏剣を直打とは逆の耳脇から打剣する「逆打《さかうち》」です。

逆打の動作も、卍巴の型の中に含まれているのです。

次ページ写真はまた別の打法「下打《したうち》」です。このように、左右上下どの方向からも打剣できてこそ、

## 下打

下から手を振り上げるようにする打法。常態（ただ立っている、歩いている等）から不意をつく打剣が可能。

卍巴の型における、左手を下ろす動作（51ページにおける写真6〜7）が下打動作に相当する。



実戦で通用する対応力が発動するのです。そしてこの動きも、卍巴の型の中に含まれています。（写真参照）

ご覧のように、型の中で行われている動作は〝ただ手を下ろしている〟だけです。しかし、これを打剣を前提として行おうとすると、おそらく質が変わってきてしまうでしょう。型の中では実現できていた〝ただ、手を下ろす〟事ができなくなってしまうのです。

卍巴の型が包含しているのは打剣動作だけではありません。防御動作も含んでいます。（次ページ写真参照）

シンプルな動きでこそ武術の技は成り立ち、そのシンプルな動きを凝縮させたのが「卍巴の型」なのです。

身に着けるべきものは、無駄な動きや、余分な力を削ぎ落した、筋肉に頼らない、コンパクトで柔らかい動き。自然に流れるように、力みなく、なんでもないように、「スッ」と普通に動ける凄さです。

卍巴の型における手を下ろす動作は「押さえ受け」に、手を上げる動作は「外受け」になる。

## 外受け

## 押さえ受け

鶴田先生は、「型を、頭で考えて動くのではなく、無意識のうちに動くところまで練れば、おのずと、無駄なものがなくなる」と説いています。

敵と見て　かまえる時は　音もなく
闇夜に霜の　おりる如くに

前述したように、「心は剣、型は弓」というのは、手裏剣術の特徴を表した言葉です。

構えとは、単に戦いの前のファイティングポーズではなく、その流派の姿勢を示すものでもあります。当流では、その構えの極意を、肩の力を抜き、心の力を抜いて、無心で敵の前に立つ自然なたたずまいとして、「闇夜に霜がおりる」情景に例えています。敵に構えさせないことで、的中率を上げる、いきり立つ心を押さえる自然体で臨むことを心得とします。

敵と対峙したら、手裏剣は、それを隠し持ち、手の中にそれがあるかないか、どのように使ってくるのかを覚らせないことも術の内なのです。



闘気を表にだすことなく、四方に気を配りながら、反撃がくることを想定しながら、間合いを取るようにしなければならないと道歌は教えています。

道歌にある「闇夜に霜の　おりる如くに」の部分が、カギになる部分です。

これは、「寒夜聞霜」の四字熟語からきているもので、古くから、弓術でも、心得として伝えられているものだと聞きます。また、第二次世界大戦以降、射撃の際には、「引き金は、心で引くな　手で引くな　闇夜に霜の　降りる如く引け」と引用されているそうです。

「寒い夜に霜が降りるのを聞くことができるほどに精神を集中しろ、霜が、気付けば降りているように、無心で行えば、いつ放ったかわからないような最良な攻撃となる」とのこと、弓術では、意識して、弾こう、放とうとすべきではない、ただ、心を空にする、無心での「射」こそ真の姿であることを説くものです。

鶴田先生は「卍巴の型」を、打つための足がまえ、

上体のあり方を示したもので、弓道に通ずるものがあると仰っています。

型の最後の動作「卍巴の構え」は、総体の重心を腰の中央におき、胸を張り、姿勢を正し、心気を丹田におさめるもの。型による心身操作の訓練にもなっています。

弓術の動作で言えば、弦をひいて、満月のように弓を引き絞り、放つ瞬間を待つ状態を指しているのだと思います。そして、弓術では、矢を放つことに専心するところを手裏剣は、敵の出方により、掌剣等への変化などの臨機応変な対応も想定した、攻撃のために万全な心身の準備を整えた状態を作らなければなりません。

### ③ 上下のバランス

最後の「卍巴の構え」には、もう一つのポイントが隠されています。それは〝上下のバランス〟です。

右手を上げて左手を下ろしています。これは、上げた右手を受けとして発動したなら、同時に左手は

## 上段を受けたら下段を攻める

相手の上段突きを内受けで防ぐ（写真2）。この瞬間、相手の意識も上段に集中しているため、下段の反撃（金的当て）がかないやすい。「卍巴の型」の動作、上下バランス感覚が、自然にこの一連を実現する。

控えの手として下げ、下打の反撃として備える。逆に下ろした左手を受けとしたなら、上げた右手で直打の反撃を備え、狙う、という事を意味しています。つまり、相手の注意が向くその〝裏〟をつく手を常に備えるという事です。

前田先生は鶴田先生に「上下のその手の位置に意味がある」と伝えたそうです。

前ページ写真では、相手の上段突きを〝上げ動作〟である内受けで防ぎます。この瞬間、上段に意識が集中している相手の隙が下段です。間髪入れず〝下げ動作〟である金的当てで反撃します。

上に〝実〟が生じたら〝虚〟となる下へ、下に〝実〟が生じたら〝虚〟となる上を狙う、これが卍巴の型が含み持っている〝上下のバランス〟です。

## 4 発力法

打剣の稽古において、初心者は、刺さらなければ刺さらないほど、力を込めて打剣するという傾向がみられます。しかし、手裏剣は、ただ力任せに打剣すれば良いという事ではないのです。実際、力任せに打剣するほどに、刺さらなくなっていきます。

すべての武術に言える事だと思いますが、常に力を入れている力んだ状態では思うように体は動きません。力んだ心と体では、柔軟で臨機応変な対応はできないのです。

力が入りすぎていては動けない、しかし、力を生まなければ手裏剣は刺さらない。そのジレンマが解消できたとき、打剣は、思うように刺さるようになるはずです。

スムーズに体を動かし、有効な攻撃を行うためには、肩の力を抜き、心の力を抜くとともに、ここぞという時に全力を出して決められるよう、体と心の中に切り替えのスイッチが必要になります。

動作の前提として余計な力を入れない事は、卍巴の型でだいぶ養われます。何しろ〝ただ、手を上げる〟〝ただ、手を下ろす〟くらいの動作修練ですから、限りなく自然体での動作がかなっていると思いできる限り“ゼロ状態”から一気に最大出力する発力法こそが手裏剣術の力の出し方。
無駄がない、相手に悟られ難い、対応されにくい、などの利点がある。
こういう力の出し方は、不要な所で力を使わない「脱力」がきちんとできていないとかなわない。

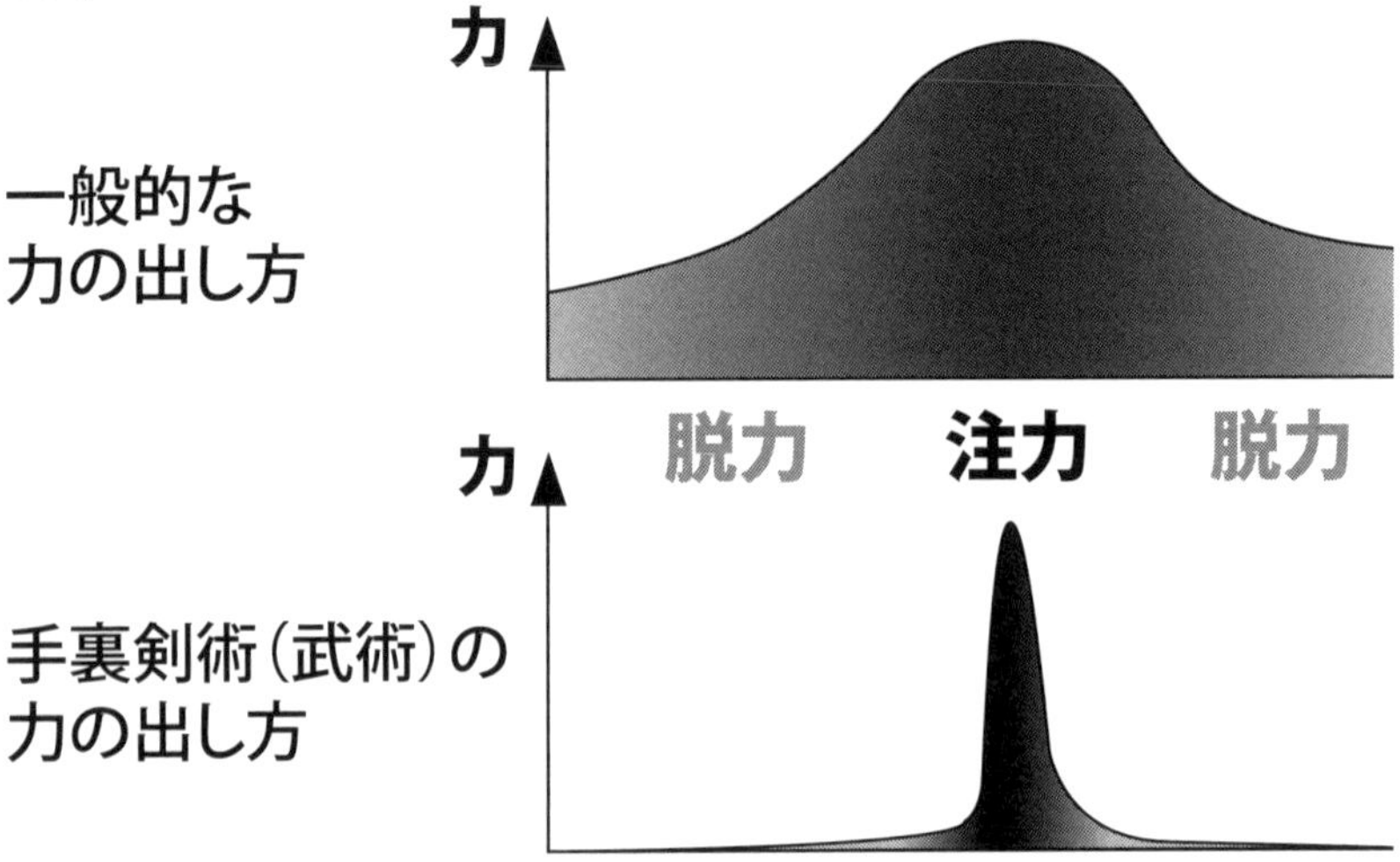




ます。

打剣の稽古は自然体で予備動作を行い、余分な力を入れず、緊張感でガチガチになった精神をコントロールします。「脱力」です。そして、畳に鉄の棒を突き立てるだけの力を一気に放ちます。「注力」です。

この「脱力」と「注力」のコツは当流を構成する武術すべてに共通するものです。

力の出し方は、ない状態から一気に爆発的に最大に達するのが理想です。それでこそ、相手が察しにくく抗いにくい、それでかつ無駄のない力となります。これは「脱力」がきちんとできていないとかないません。「脱力」ができていないと、ゆっくりとなんとなくダイヤルボリュームを捻っていくかのような力の上げ方になります。(上掲グラフ参照)

「脱力」と「注力」の切り替えこそ、打剣により習得すべきコツなのです。

## 5 無拍子

「リズムに乗った攻撃」、「攻撃のテンポが良い」スポーツ中継を見ているとよく聞かれるフレーズです。

好意的なニュアンスで使われる事が多いのですが、手裏剣術においては、基本に則った動き、リズミカルな動きは、練習時の初心者の動きです。

手裏剣術とは、剣を刺す事ではなく、敵の意表をつく術です。そして、大切なのは、気配なく唐突に動き、敵の心理的な息づかいを読み取り、敵と違う拍子で攻撃を仕掛ける事によって不意をつく事なのです。

これは打剣だけでなく、武器術、体術にも共通します。

正攻法が通じない強敵を制する事が武術の真骨頂です。正面から力でねじ伏せる戦法では、自分より力の強い相手、大きな敵に勝つことは困難ですし、勝ちをおさめたとしても自らが損傷を負う可能性も大きくなります。

目指すのは、「無拍子」です。

「無拍子」と書くと難しそうですが、当流では、敵の虚を突くために間をずらし、意表をつく動きを言います。

短い武器を扱うが故に、奇襲、フェイク、フェイント攻撃等、たくさんの工夫ができるという事なのです。行儀のよい正攻法だけでは、強敵を倒すことはできません。「機知機略は武士の知恵」なのです。

## 6 和伝流が目指す最終段階

「脱力」と「注力」だけでなく、「無拍子」を意識した動きが加わったのであれば、その動きは、当流の「理」にかなったものという事ができると思います。

では、手裏剣の修行が進み、その体の使い方がわかり、ある程度手裏剣ができるようになったら、修行者は次に何を目指せばいいのでしょうか。

打剣を主に稽古されている流派であれば、更に的中率を上げる、打剣距離を延ばす、攻撃の威力を増加させるために、重量のある手裏剣でも打剣できるようにする、というような目標が掲げられるのだと思います。しかし、手裏剣を武術として考えた場合、打剣により崩した敵にとどめを刺すという想定ならば、間合いというのは、自ずから決まってくるはずです。武術として手裏剣を考えた場合、必要のないほど、長い距離で打剣できる事を目指す意味があるのでしょうか。

また、打剣の威力を求め、重い手裏剣を稽古する事は、筋力をつける効果はあると思いますが、エスカレートすれば、手の裏に隠せないような長大な武器を扱うという事につながり、手裏剣が歩んできた道を逆戻りすることにつながりかねません。

「過ぎたるは猶及ばざるが如し」という事にならないよう、目指す道をはずれることがないよう注意しなければなりません。




当流は、他の手裏剣流派と打剣の正確性や距離等を競うのではなく、他の武術と比肩する攻防のレベルに達する身遣いを目指しています。

「どういう状況でも何とかする」ために柔軟な発想や体動ができるように総合武術でありたいと考えています。

# 第3章

# 打剣術・掌剣術

## 1 剣術は、戦場にあって実戦的だったのか？

鈴木真哉先生がお書きになられた「刀と首取り戦国合戦異説」（平凡社新書）には、日本刀の合戦の場での武器としての機能について、考察がまとめられています。

戦国の合戦では、基本的には、弓矢、鉄砲、石礫《いしつぶて》の飛び道具が主力で、刀は主に、首を切り取るための道具だった旨が書かれています。

戦場での負傷原因を調べると、矢傷4割、鉄炮2割、石礫1割で遠距離用の武器が約7割を占め、近距離では槍が2割、刀が0・5割に満たなかったと推測されているそうです。

印字打ちと呼ばれる手裏剣の基となった石礫は、戦国時代にはポピュラーな飛び道具だったこともわかります。

戦場における負傷は、大半が飛び道具によるもの。戦いは、遠隔戦のみで形勢が決まってしまうこともあれば、遠隔戦から突撃に移行した場合でも、白兵戦になる前に敵軍が崩れることも少なくないと考えられ、日本刀は補助的な武器であったという事です。

戦場においては、日本刀よりも、礫の方が数多く敵にダメージを与えているのです。あの宮本武蔵が、投石により、負傷したという資料も残っています。

なるべく遠くから、自分の身は安全な位置に置き、反撃されるリスクは少なくして攻撃する。今も昔も、安全圏内から、敵を攻撃する技術は重用されていました。

日本刀は、日本の代表的な武器として認識されていますが、戦場において実用性は低く、騒乱状態の中では、日本刀の技術はあまり役に立たなかったのだと思います。しかし、今に残る武器術の流儀を見てみると、弓や槍を使うものよりも日本刀を使うものの方が圧倒的大多数です。

戦場で有利なはずの飛道具系武器が廃れ、なぜ補助的な日本刀を使う、剣術が隆盛を見たのかという事です。

これは、平穏な江戸時代、弓矢鉄砲は持ち歩くことがはばかられ、石礫を武器として使うことは外聞も悪かった。日本刀は武士が携帯を許された武器であり、武士の魂と崇め奉られたからにほかなりません。

江戸中期頃になると、競技的な果し合いや、旦那芸的な武芸が主流となり、また、腕力に物を言わせる勝負が中心となったそうです。

剣術にとって不利になる投てき武器については、「飛び道具を使うのは卑怯だ」というような、世論が意図的に醸成されたのではないでしょうか。

大きな合戦が少なかった江戸時代が投てき武器の地位をおとしめ、剣術を美化したのかもしれません。

## 2 なぜ手裏剣はマイナーな武術とされるのか？

手裏剣術の宗家をしている私が言うのもおかしな



話ですが、現在、手裏剣術はマイナーな武術で、他の武術に比べ一段低く見られているところがあるような気がします。

私は、この現実を厳粛に受け止めなければならないと考えています。

江戸時代、剣を持って敵と対峙する際に、手裏剣を用いる技術は、本来、剣と表裏一体の動作でした。根岸流のように刀術組み込みの型を伝承している流派もあるように、手裏剣を敵に打ち込んで崩した場合、即座に飛びこんで敵を斬り倒すというように、打剣後のとどめの技法が存在しました。

刀を短くし、切先を飛ばすがごとく打ち込む手裏剣には、元々は「卑怯な飛び道具」のイメージはなかったと思います。凶器を持つ敵に対し、飛び道具で対抗するのは、むしろ正攻法であるとさえ言えたと思います。

つまり、戦国時代の合戦においては、投てき武器が主要な武器であったことを忘れない流派もあり、平穏な時代の戦いにアレンジされていったものもあったのです。

しかし、現在、多くの手裏剣流派は、打ち込んだ後の展開が表に出ていません。

私は、そのことが、武術性が疑われ、「的あてゲーム」だと揶揄され、その地位を貶めているように思えてならないのです。

## 3　武術として間合いを考えなくてよいのか？

現在の手裏剣術は、より離れた距離から正確に的に刺せるものが、手裏剣の巧者だとされています。しかし武術家として、これを達人としていいのでしょうか。

かなり離れたところから敵に、手裏剣を刺すことができる者がいたとして、打剣位置から、とどめを入れに行くまで、敵は静止していません。

日本の武術にとって大切なのは「間」です。先人たちは、呼吸をはかり、間合いを探って、「敵の間を外し、自分の間で戦うこと」を追求し修行してきたのです。

敵の動きや間合いを意識せず、常に同じ打剣姿勢で、的に刺さった本数を数えることが敵を想定した稽古と言えるのでしょうか。的には、仮想の敵を意識して向かわなければならないのです。

「武術とは活機を窺う修練だ」とも言われますが、打剣より作った活機を逃さないことと直後にとどめを刺す技法を併せ持つことが重要なのです。

手裏剣を野球に例えるのなら、手裏剣術はピッチャーとバッターとの駆け引きです。外野手がバックホームのため、遠投するボールではないはずです。

武術として、打剣により崩した敵にとどめを刺すという想定ならば、間合いというのは自ずから決まってくるはずです。

## 4　手裏剣は「打剣術」であって「刺剣術」ではない！

手裏剣の起源の一つとされる印字打ち（石投げ）の「石」は刺さる構造はしていません。

敵陣に切り込むための突破口を開けるためのもので、「石」が当たれば相当な効果があるのです。

手裏剣を敵に対して投げ当てる行為は、剣術のように気迫をこめて打ち込むので、「打剣術」と呼称するようになったと言われています。しかし、「打剣術」の「打つ」という字句は　物を他の物に向けて強く当てることを言います。

「打つ」と「刺す」とは同意語ではありません。手裏剣にあるのは、「打剣術」であって「刺剣術」ではないのです。

印字打ちの石は「面」でぶつけるもの、手裏剣が刺さらず横腹の部分で当たれば「線」での打撃です。鋭利な先端の「点」で的確に当たった場合が「刺さる」ということになるのです。

野球のボールは鉄製ではありませんが、死球が打者に当たれば、悶絶するほどの威力があります。

手裏剣も、鉄製で、ある程度の重さがあります。



当たれば大きなダメージとなり、敵の構えは崩れます。

的あてゲームなら、刺さらなければ得点にならないかもしれませんが、武術としてみた場合、その効果は決して「ゼロ」ではなく、敵を崩すだけの威力を持つと考えるべきなのです。

しかし、手裏剣の打剣だけで、敵が戦闘不能に陥ることは、そう多くはなかったはずです。

古来、手裏剣を使っての戦いも、敵の構えを打剣によって崩し、間合いを詰めてとどめの一撃を入れ、決着をつけるものだったのです。

手裏剣術の本質は、〝投げ打って敵に突き刺す術〟ではなく、武術全体の本質とも言うべき〝敵の意表をつく〟ことです。

大切なのは、それを突破口と考え、流れをとめず、次の一手につなげること、打剣攻撃により敵がひるんだ瞬間にできる隙を見逃さず、飛び込んで勝負を決める決定力です。

遠くから手裏剣を刺すことは、確かに技術的な意味を持っています。しかし、間合いを無視して、遠く離れるという事は、身は安全かもしれませんが、敵を的確に制圧することが難しくなるという事も考えなければならないのです。

これまでの手裏剣術の解説書は、「手裏剣をいかに刺すか」という打剣術の解説が多くを占めているように思います。

和伝流は、現代において、手裏剣と体術を表裏一体とすることを重視し、打剣で崩したあとの対処法を修めるために、編まれた流派です。武術は見栄えの良い殺陣ではありません。ルールに守られて勝敗を争うスポーツでもありません。切羽詰まった戦いの中で、生き残るために発展してきた技術です。ですから、当流では、手裏剣術とは、決して的当ての技術を学ぶだけのものだとは考えていません。物を投げ打つ動作と、併せてその前後の技術を学ぶ武術であると位置づけています。

ここからの技術編では、当流の技法を説明するため、心身を作り、すべての基礎となる打剣術、手の裏側に手裏剣を秘して戦う掌剣術の技法に併せて、各種武器術と体術を伝える山井流柔術拳法について解説してみたいと思います。



# ◉打剣術

何度も繰り返して恐縮ですが、当流は、技術的には、「卍巴の型」を基本としています。そして、その教えを道歌で補完しています。

ここからの技法の解説もこれに従って進めていきます。

卍巴の型は、先人たちが、手裏剣の一人稽古を想定して、オーソドックスなフォームと打ち方を示す、言わば手裏剣のシャドウピッチングのフォームです。また、武術を修行する者は、その稽古の過程での気付きが大切だと言われます。

優秀な指導者がいてもいなくても修行者に平等な

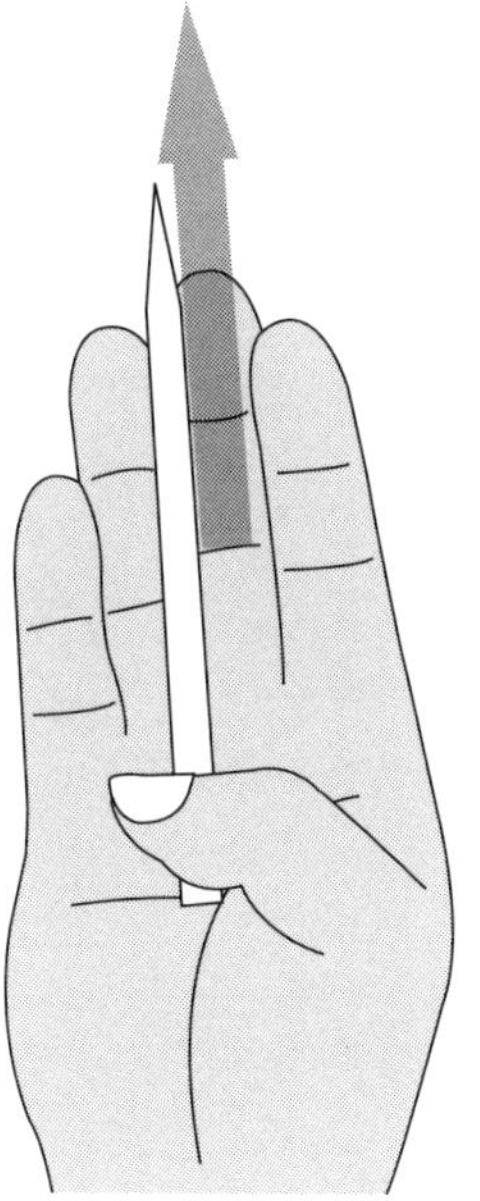

人差し指、中指、薬指により作った〝スライド板〟に手裏剣を乗せ、掌と親指で押さえるようにして持つ。打ち出すにはこの〝スライド板〟を滑らすように。



ヒントを提示してくれるのが道歌です。型をどのように解釈し、三十一文字から何に気付くことができるかが当流の修行のカギになります。

## ① 手裏剣の持ち方

手たまりは　重みをはかり　握る鳥
すり抜けて飛ぶ　心地こそすれ

まずは、手裏剣の持ち方と打剣時のイメージです手裏剣の持ち方は、ナイフ投げのように、得物を握るものではではありません。

人差し指、中指、薬指により作った〝スライド板〟に乗せ、掌と親指でこれを押さえます。

この〝スライド板〟を滑らせて手裏剣を打ち出すのです。

「手だまり」とは、刀・弓・槍などの手をかけるところ。また、そこを手にしたときの具合を言いますが、ここでは、手裏剣をセットしたときの掌中と解釈してください。

当流の手裏剣術は、スポーツのように、常に同じ長さ、同じ材質、重さの道具を使用するという想定

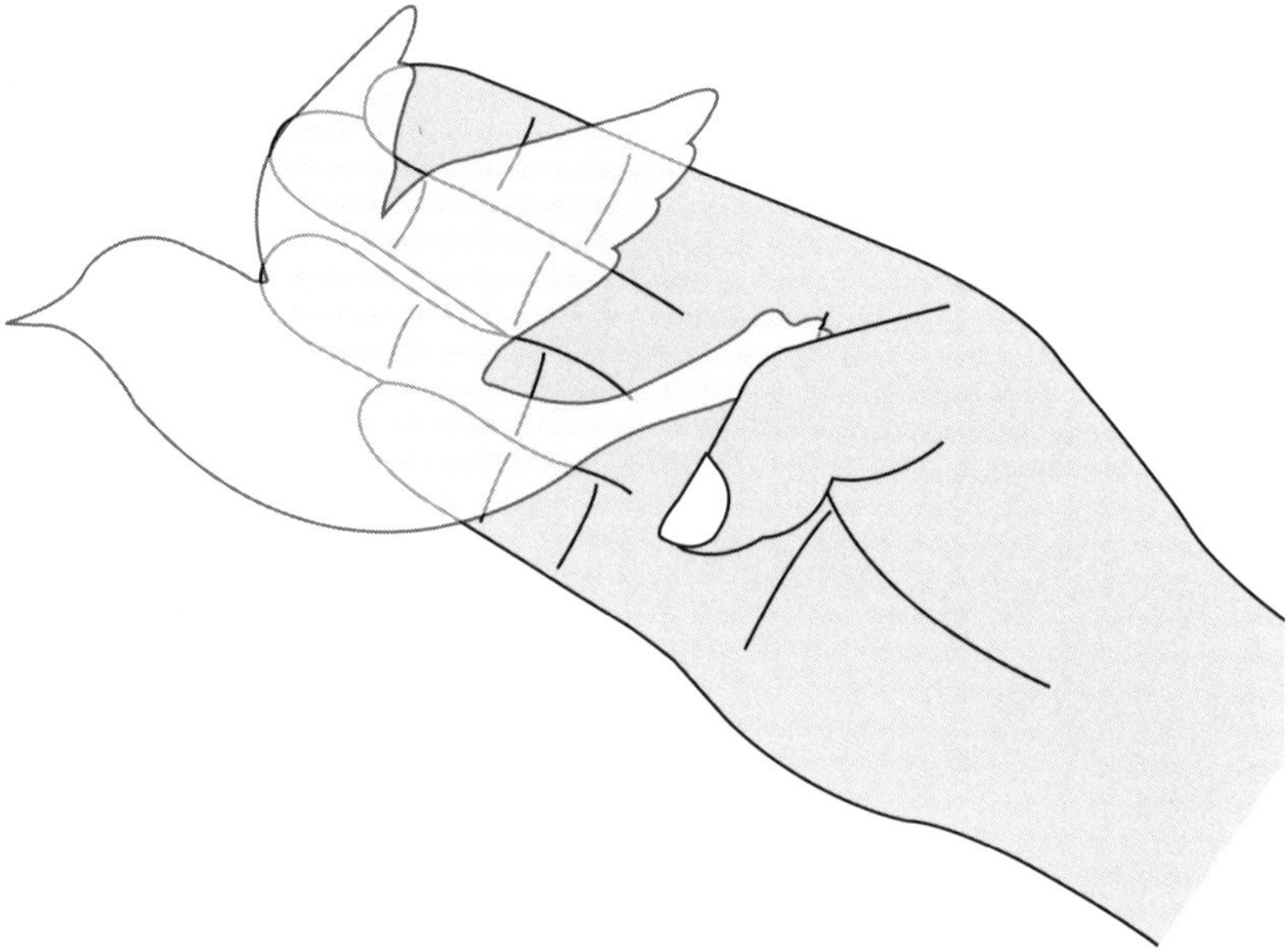



ではありません。掌に載せた手裏剣もしくは、手裏剣に代わるものの重さ、バランスを瞬時に判断しなければなりません。

掌中にいる小鳥を、強く握りすぎず、それでいて逃げ出さないように掌と親指で押さえます。柔らかくそれでいて、締めるところは締めるのが手の形と言うことになります。

手裏剣がうまく打てないと、掌にも力が入り、なおさら刺さらなくなるという悪循環に陥ります。そんな時に手裏剣が手の中から離れていく様を、小鳥が掌からすり抜けて飛びだすようなイメージで打剣しなさいと道歌は説いています。

無駄な力を入れず、打ち出す瞬間に鋭く剣が飛んでいくように操作することが打剣術なのです。

## ②　稽古における打剣距離の見極め

私は、ここまで、打剣距離を遠く延ばす事は、技術的な意義はあるが、武術的な見地からはそれほど重要ではないと述べてきました。

しかし、打剣術は、常に敵との間合いを読み、様々な距離から、威力のある手裏剣を打つことが求められるのです。

上級者が「剣」だけでなく「槍」「鎖鎌」など様々な武器を使う架空の敵を想像し、その間合いを仮定した距離から、的確な打剣を行なうことは、大切な稽古だと思います。

一方で、初心者に大切なのは、自分が放った手裏剣の威力を知る事。そして狙った距離における手裏剣の打剣状態を把握して、更にステップアップする事です。

最も威力がある手裏剣は、真っ直ぐに床と水平に刺さっているものだとされています。手裏剣が、その間合いにおける最短距離を飛び、威力がストレートに伝わっているからです。

初心者の稽古は、この刺さり方を目指して、ごく近い距離から稽古を始めます。そして、次にあげる道歌を参考に、その打剣距離における剣の刺さり方を見て、自分が打った剣の威力や状態を判断します。

今、刺さった手裏剣は、適切な威力を持っていたのか、間合いが近かったのか、遠かったのか、自分の力量とベストな打剣の間合いを学びます。

尻上がる　剣《つるぎ》続けば　近づけよ
　剣《つるぎ》乱れて　剣《つるぎ》落《お》つなり

尻下がる　剣《つるぎ》続けば　遠ざけよ
　間合い極《きわ》める　絶好の時

的に手裏剣の尻が上がった状態に刺さる剣が続けば、まだその距離では、正確な打剣が難しいので、打剣位置を近づけなさい。また、手裏剣の尻が下がった状態に刺さる剣が続くのであれば「もう少し打剣距離を離してもよい」というサインです。と道歌は説いています。（次ページ図参照）

もちろん本来ならば、間合いに応じて打ち方を調整しなければならないのですが、初心者のうちはなかなか上手くできません。それよりも、適正に刺中

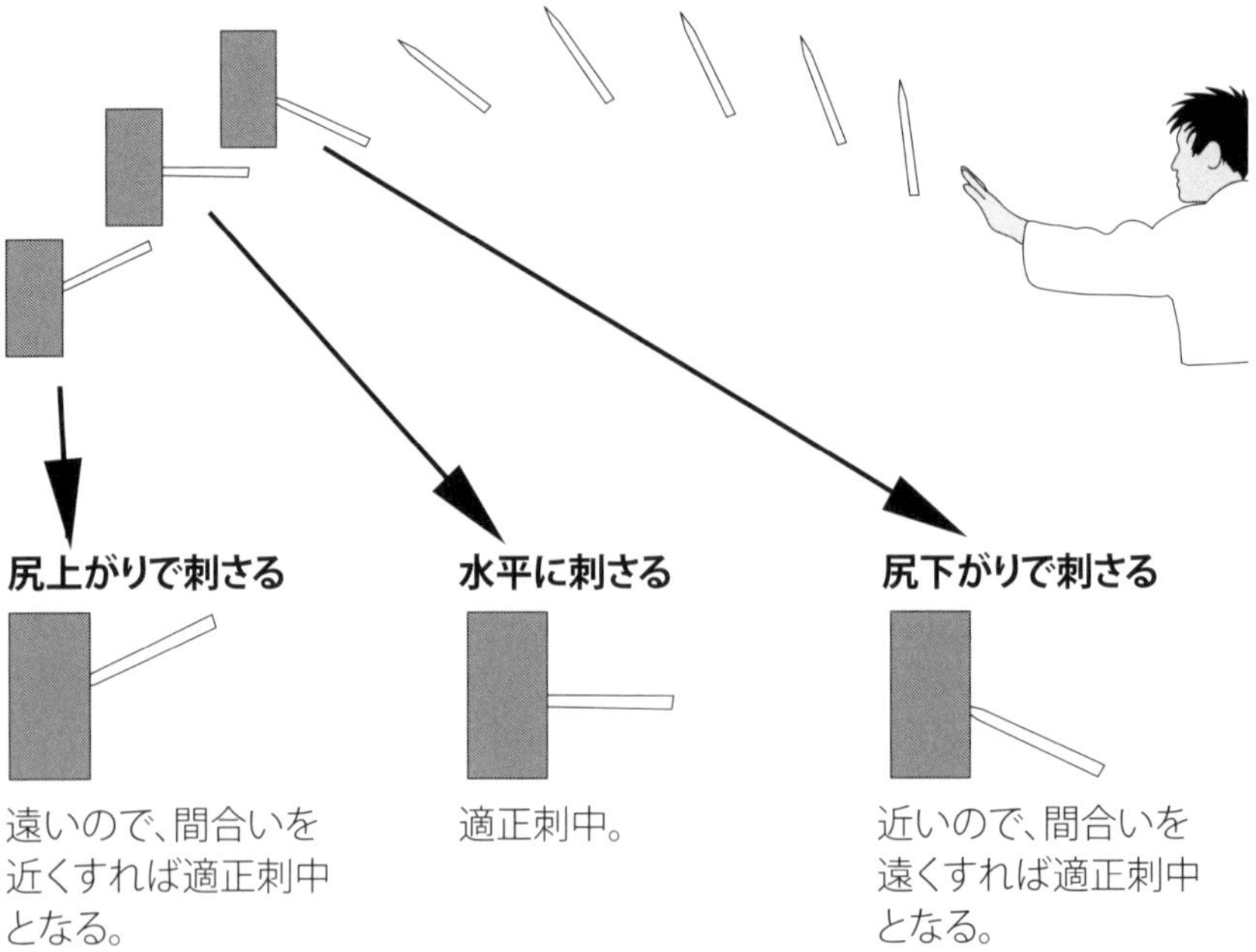
尻上がりで刺さる
遠いので、間合いを近くすれば適正刺中となる。
水平に刺さる
適正刺中。
尻下がりで刺さる
近いので、間合いを遠くすれば適正刺中となる。

する打剣を経験できなければ、調整もへったくれもないのです。だからまずはその感覚を得んがための〝打剣に距離を合わせる〟提案なのです。

一般的に、手裏剣の間合いとされているのは、剣と対峙した時、敵が一歩踏み込めば当方を打突できる一足一刀の間合いを外し、手裏剣の打剣により崩した相手を制圧することが可能な「三間」だと言われています。修行者は、この三間の間合いで、真っ直ぐに床と水平に刺さる剣を目指し、道歌を参考に稽古することになります。

しかし、打剣とは、間合いをはかりながら行うもの、敵の攻撃は当たらず、こちらの攻撃が有効な距離、なおかつ打剣で崩した敵の隙を見逃さず、飛び込んで決めることができる距離という事を念頭に打剣後の動きも加味しながら稽古する必要があるのです。

どんな得物を持った敵に対しても、自分に有利な間合いが取れる力量を目指さなければならないのです。

稽古の過程で、自分には「刺す」ことが無理な距離と判断したなら、「当て」で崩し、間合いを詰めて、「刺す」事を狙うという戦法を考えるのも重要です。

手裏剣術はその力量に加えて、柔軟な発想が求められるのです。

## ③ コントロール（上下左右の打ち分け）

正直に　中央ばかりを　狙わずに
上下左右　剣《けん》を散らして

道歌は、真ん中だけでなく、自分の狙うところに剣を散らすことの重要性を説いています。

いくら早く、威力のある剣が打てても、同じところばかりでは、意味がありません。優れたピッチャーは、ど真ん中のストレートばかりを投げているわけではありません。

コントロールが大切なのです。

上に打ち、下に隙を作る。右側に打ち、左側に手裏剣の通り道を作る。敵の構え崩し、駆け引きのためにもコントロールは必要です。

手裏剣が的に刺さるようになったら、次は刺す位置をコントロールする訓練を行います。意識的に、的の中央を外し、上、下、左、右、自分の意識したところへの打剣です。

前項の「刺さる剣の状態」、距離も意識しながらの稽古になります。

入門した者は、まずは、手裏剣を的に刺すことに専心します。この場合、成否は「刺さるか刺さらないか」です。刺さる位置は気に止めていません。何百本、何千本、ただひたすら「刺したい」という気持ちで打剣し、刺さる確率を上げていきます。そして、どうにかある程度、手裏剣が的に刺さるようになると、次の段階に移ります。

「刺す」から、「狙う」へのステップアップです。

打剣術には、術者の精神状態が、如術に現れます。さらに「狙う」ことにはかなり精神的な要素が入ってきます。

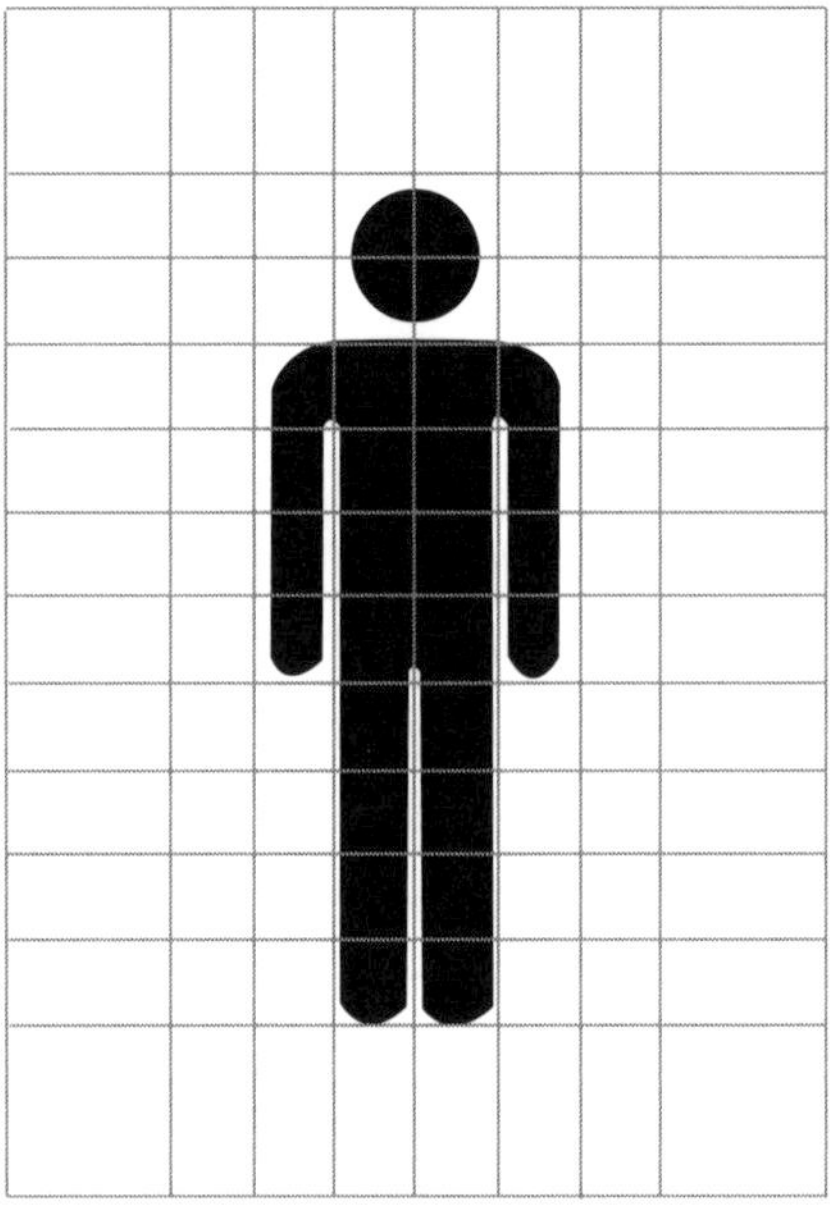



「刺す」ことで精一杯というところから、技術的にも精神的も一段進める稽古になります。

打剣術の稽古では、的に刺さった手裏剣の状態が全てです。ごまかしは一切ききません。

自分の心で決めた「どこにどんな状態で刺さるのか」を追求し、打剣をコントロールすることになります。狙ったところへ床と水平な状況で、きれいな打剣を打つ事を目指しますが、思い通りに手裏剣を操るのは至難の業で、心も穏やかではなくなるわけです。

この打ち分けの稽古は、思うようにならないところをコントロールするもの、邪念を払い、精神を統一し、自分の心を従え、打剣をコントロールすることの困難さをイヤというほど味わいます。

「武の先には心の修行がある」、「武術修行の後半は禅の世界の中に入り込む」などは、多くの武術家から異口同音に発せられる言葉です。武術は技が進むにつれ、精神修養の部分が大きなウエイトを占めてきます。そう考えると手裏剣は、かなり修行の早い時期から精神を鍛えられるようにできています。手裏剣の最大の魅力でもあり、残酷な点は、刺さるか刺さらないか、曖昧さがないことです。

かなりのベテランでも、演武で、最初の一本が外れたために、後の打剣はボロボロというようなことが起こり得ます。打剣の出来には、精神が如実に関係するのです。

鶴田先生の弟子だった、俳優の大杉漣さんのエッセー『現場者』の中に、当時の稽古の様子が書かれています。

鶴田先生は稽古中の大杉さんに「狙うという気持ちを排除しろ」という禅問答のような言葉をかけられたそうです。そしてそのことが「仕事にけっこう役にたっているのかもしれない」とその章は結ばれていました。

鶴田先生は「手裏剣は、無心無欲の心の技である」と説きますが、私がこの境地に達するまでにはまだまだ修行が必要です。



## ④ 左での打剣

打剣術　右だけでなく　左打て
偏りなくし　幅を広げる

和伝流では左右両手での打剣を理想としています。右で打てるようになったら、左での打剣を稽古します。

利き手でも、うまくいかない事を左手の打剣に求めるのは大変な事だとは思いますが、両手で手裏剣が打てるということは、手裏剣使いとしては非常に大きな力を得ることになります。

ただ、利き手でない側の手による打剣の修得は、思っているほどには難しいものではありません。それは、手裏剣術が求める動作が、〝ただ、手を上げる〟〝ただ、手を下ろす〟などのようなシンプルなものだからです。

もし打剣が「高度な体の動かし方を体得する事」ならば、それを逆の手でも体得しようとするのには倍の苦労が必要になるでしょう。しかしそうではな

# 両手打ち

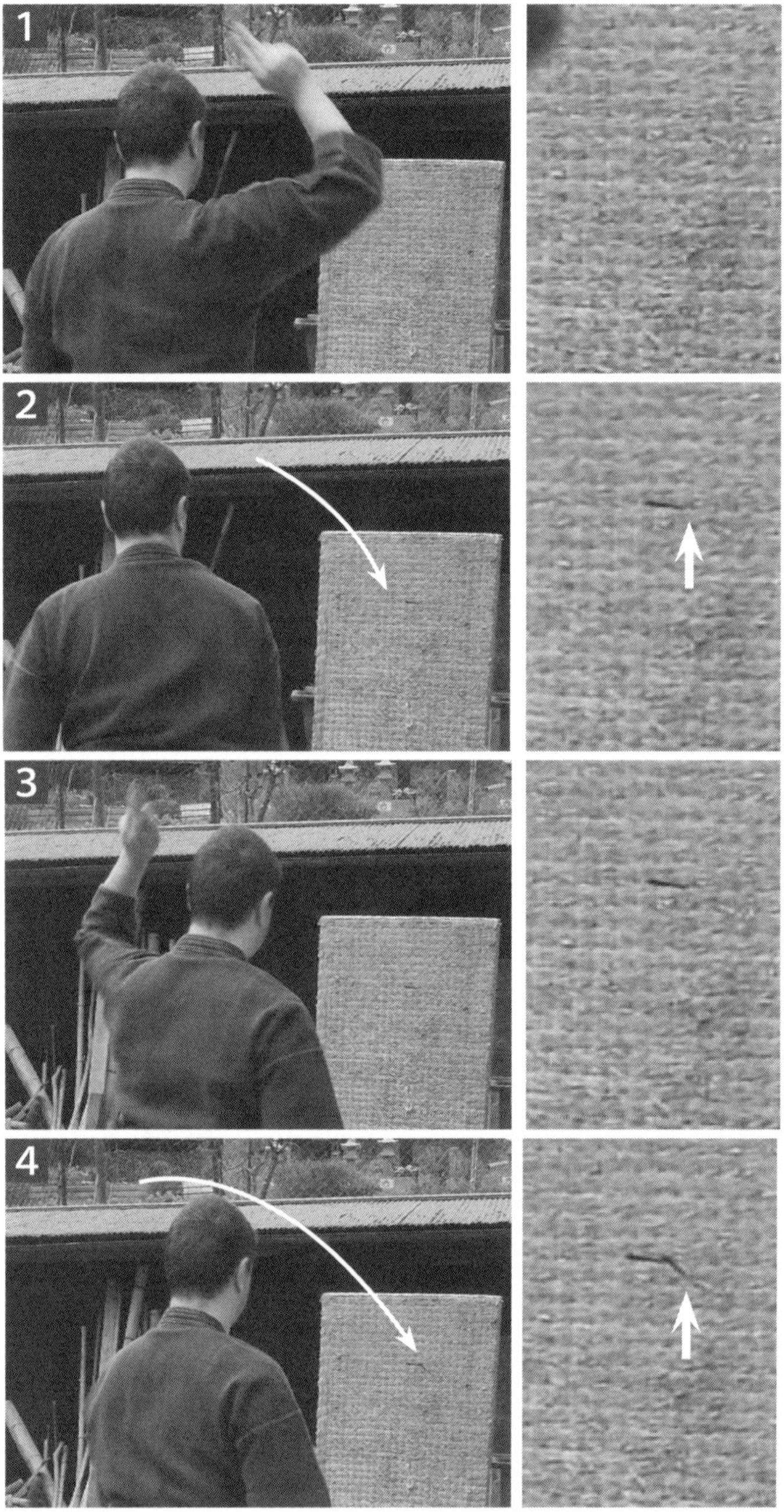


両手が同様に打てると、連射性が一気に向上するとともに、状況制約への対応力（右に近接障害物があって右で打てなくとも左で打てる等）、バリエーションが大きく拡大する。

く、いわば〝余計なものを削ぎ落としていく作業〟な訳ですから、器用でない方の手だとより大変、というものではないのです。もちろんその〝余計なものを削ぎ落としていく〟のは大変なのですが。

利き手のみの打剣で精度を上げるという考え方がありますし。一方で両手打を必須条件とする流派もあります。私どもは後者です。そして、両手打ちができるというのは、掌剣やそれを応用した短刀術などの武器類も両手で使えることを意味します。

鶴田先生は、左手での稽古について、「実は、この稽古は、利き手側に傾いた体のバランスを少しでも元に戻す効果を狙った親心だ」とも述べられています。

両手での打剣が可能であれば、両手に一本ずつ持つた手裏剣を二本で同時に打つ両手同時打もできれば、左右時間差でワンツーの打剣を打つこともできます。

後に述べる逆打ちや下打ちができれば、直打と組み合わせ、ボクシングで言うストレートのワンツーだけでなく、フックからストレートや、ストレートからアッパーのコンビネーションが可能になります。

打剣が基礎訓練になっているというお話をいたしましたが、その意味でも大切な稽古です。この後に述べる柔術拳法や武器術のためにも、なくてはならない稽古です。



## ⑤ 速打　打剣テンポの調整

速打ちの　極意は呼吸と　左手の
　送りの指に　あるものと知れ

当流では三本連続、五本連続と、早いペースでの連射を稽古します。

呼吸を整え、手裏剣を指で送り出す、次打のための控えの手のサポートがカギになると、矢継ぎ早に手裏剣を繰り出す「速打ち」のコツを道歌は教えています。

早いだけでなく、正確さを併せ持った波状攻撃は敵にとって脅威となることは間違いありません。し

# 速打

1

2

3

4

一打を終えて、間髪入れず次打を継いでいく。打剣を行なう手の逆、手裏剣を携え、剣を打剣手へ渡し送る〝控えの手〟の操作がカギとなる。

かし、ただ単に、早い連射だけでは底が割れます。
敵のリズムを狂わせても自分のペースで戦うことが重要ですし、常に連射ができるだけの手裏剣を無尽蔵に身に着けることもできません。

同じテンポではなく、速い遅いを取り混ぜた攻撃、緩急を使った攻撃、駆け引きも有効な武器になります。

敵のペースを崩すという意味で、速打ちだけでなく遅打ちも稽古する必要があります。野球のスローボール、チェンジアップに当たる、山なりの遅打の剣、スピードを殺した打剣を行なうことは、正しい軌道を学ぶためにも有効です。正確に飛ばなくては、遅い剣は刺さらないのです。

攻めは、「リズムに乗った攻撃」ではなく敵の意表をつくことが重要です。

打剣テンポを意のままにすることは、当流が目指す極意「無拍子」に至る一歩でもあります。

## ⑥ 打法・体位による変化

横に打ち　寝打《ねうち》座打《ざうち》の　別あれど
理《り》に一空《いっくう》の　うちにこそあれ

道歌は、打法による区別、打剣体制による区別など、手裏剣の打ち方はいろいろありますが、基本は同じである事、理合いは一つである事を説いています。

剣道には、面があり、胴があり、籠手があり、突きがあります。剣術の別法である手裏剣術が、直打だけでよいわけがありません。

これまで「直打立打ち」を中心に説明してきましたが、ここではそれ以外の打ち方を解説します。

手裏剣の打法は一種類ではありません。当流では、直打の外に「逆打《さかうち》」「逆袈裟打《さかげさうち》」「下打」があります。

「逆打」からご説明します。

# 逆打

右手で右耳脇から打出す直打に対して、逆打では右手を左耳脇から打出す。手と足が同側の〝ナンバ〟の身遣いとなる。

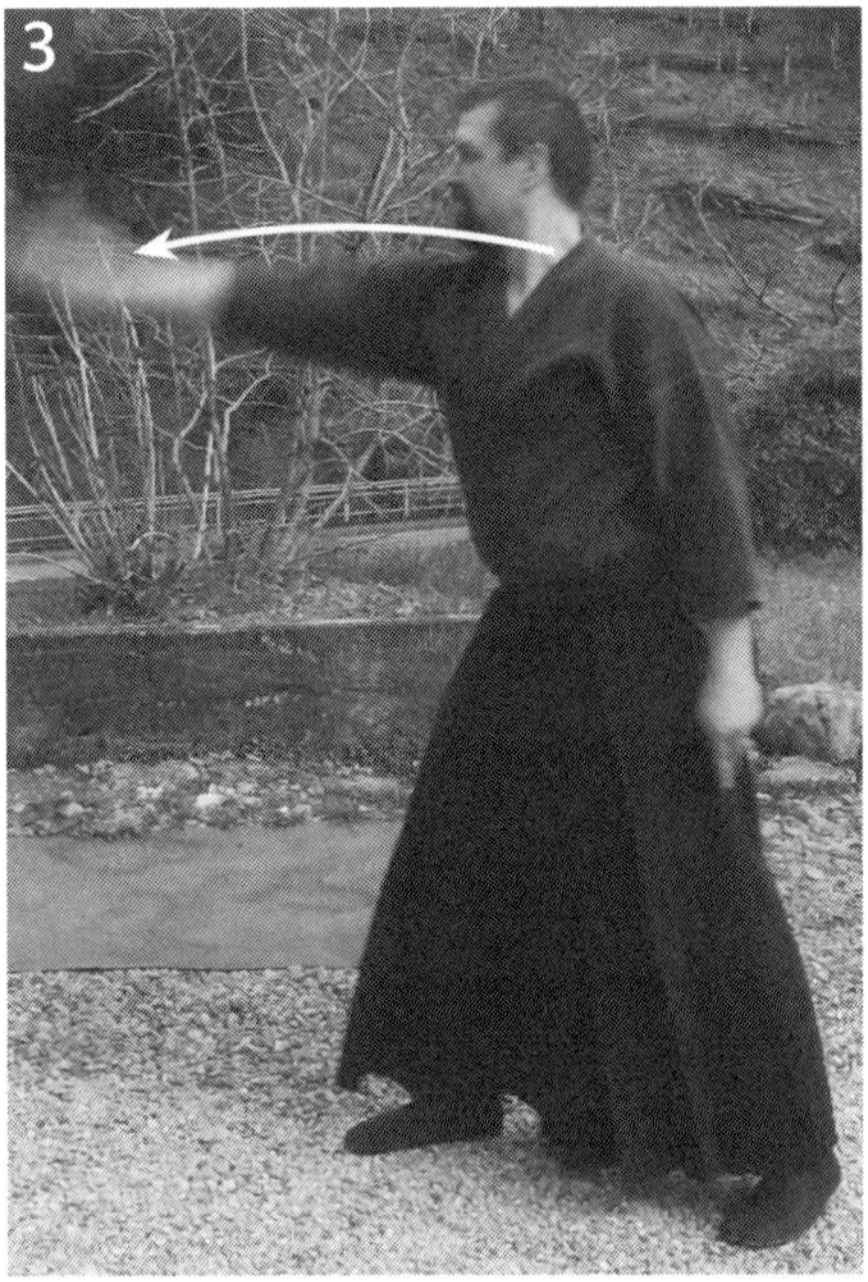


直打では下掲写真のように、手と足が逆の対側の身遣いとなる。

### ◉逆打

露払《つゆはら》い　敵をけん制　控えの手
　時に転じよ　逆打《さかう》ちの剣

これは「逆打」を示した道歌です。前項でも登場した「控えの手」は、即、逆打に変化します。

逆打は袈裟打とも言いますが、腕の動きは袈裟と言うよりは、水平に近くなります。

フォームは直打と異なり、打剣する手と前に出る足が同じになります。いわば〝ナンバ〟です。

古流の武術は、手と足が同じナンバの状態で技をかけます。結果として捻らない体動になりますが、こちらの方がタイム・ロスもパワー・ロスも小さい、コンパクトで合理的な運動になります。

しかし、多くの流派が採用している手裏剣のオーソドックスな打ち方、直打のフォームは、手と足が逆です。空手でいう逆突きの体勢になります。手裏剣が剣の別法というのであれば、辻褄が合わない感じがします。

私は、本来、手裏剣というのは、一打目はこの逆打ちから攻撃に入ったのではないかと考えています。

逆打がボクシングで言うジャブの役割をして、決め手となるストレート、直打に繋ぐ露払いを担っていたのではないかと推察しています。

両手で打剣できることが前提となりますが、単発の攻撃よりもワンツーやトリプルの攻撃が有効であることは、誰もが理解するところだと思います。もちろん、一打目のジャブであってもフリッカージャブのように決定打を狙ったものもあったと思います。

逆打は直打と比べ、動きがコンパクトで、半身でも有効なトリッキーな使い方ができるのも特長です。トリッキーな動きになる分、常にへそが正面を向いているということはありませんが、直打と同様に脇を締め、掌を的に向け打剣します。

### ◉逆袈裟打

逆袈裟打は、下から斬り上げる様に打剣します。

# 逆袈裟打

逆打のように打ち手を逆サイドに持っていき、斬り上げるような軌道で打剣する。予備動作を隠しやすく、奇襲性の強い打法。

打剣のフォームは、これも卍巴の型における、打剣前の予備動作に隠されています。

逆の肩口に構える逆打ちを行う手ではなく、反対の手に着目してください、この手は、逆側の腰から、準備動作中は、体を防御するとともに、次の打剣にむけて、肩の横へと移動します。

居合で言う逆袈裟斬と酷似しているので、この名がついたと言われています。手裏剣が剣術の別法と言われる所以の一つだとも思います。

型からみれば、手と足が逆の構えになりますが、ナンバに構えても、有効に打剣できます。

これも、脇を締め、手を的に向け打剣します。

和装の場合、袂があるため、察知できず、防ぎづらい技です。

腕組みをした状態に手裏剣を隠し、両手で同時に打ち出す隠手もあります。

## ◉下打

上《うえ》、下手《したて》　相補《あいおぎな》いて　打剣《だけん》せよ

直《じき》打《だ》下《した》打《う》ち　臨機応変

卍巴の型は、直打では、上の手が打剣し、下の手でバランスをとっています。しかし、視点を変えて見てください。

下打は、これを逆に解釈します。ソフトボールの投球のように下の手で打ち出し、上の手でバランスを取ります。

冒頭の道歌は、卍巴の構えで上に構えた手と下に構えた手は、相補うものだ、構えは視点を変えれば直打にも下打ちにもなる。敵を前にした場合、攻め方、打法はその場に合わせ変化させよと説くものです。

下打ちは、ライザーボールのように下から浮き上がる軌道をとります。ボクシングでいうアッパーです。この軌道は、食らう側にとっては相当な曲者です。

後に述べますが、歩行しながらの姿勢で打つことができるとても怖い攻撃です。逆袈裟にも共通する特徴ですが、下からの打剣は予備動作がとても悟られにくくなります。そもそも人間は手が下りている

# 下打

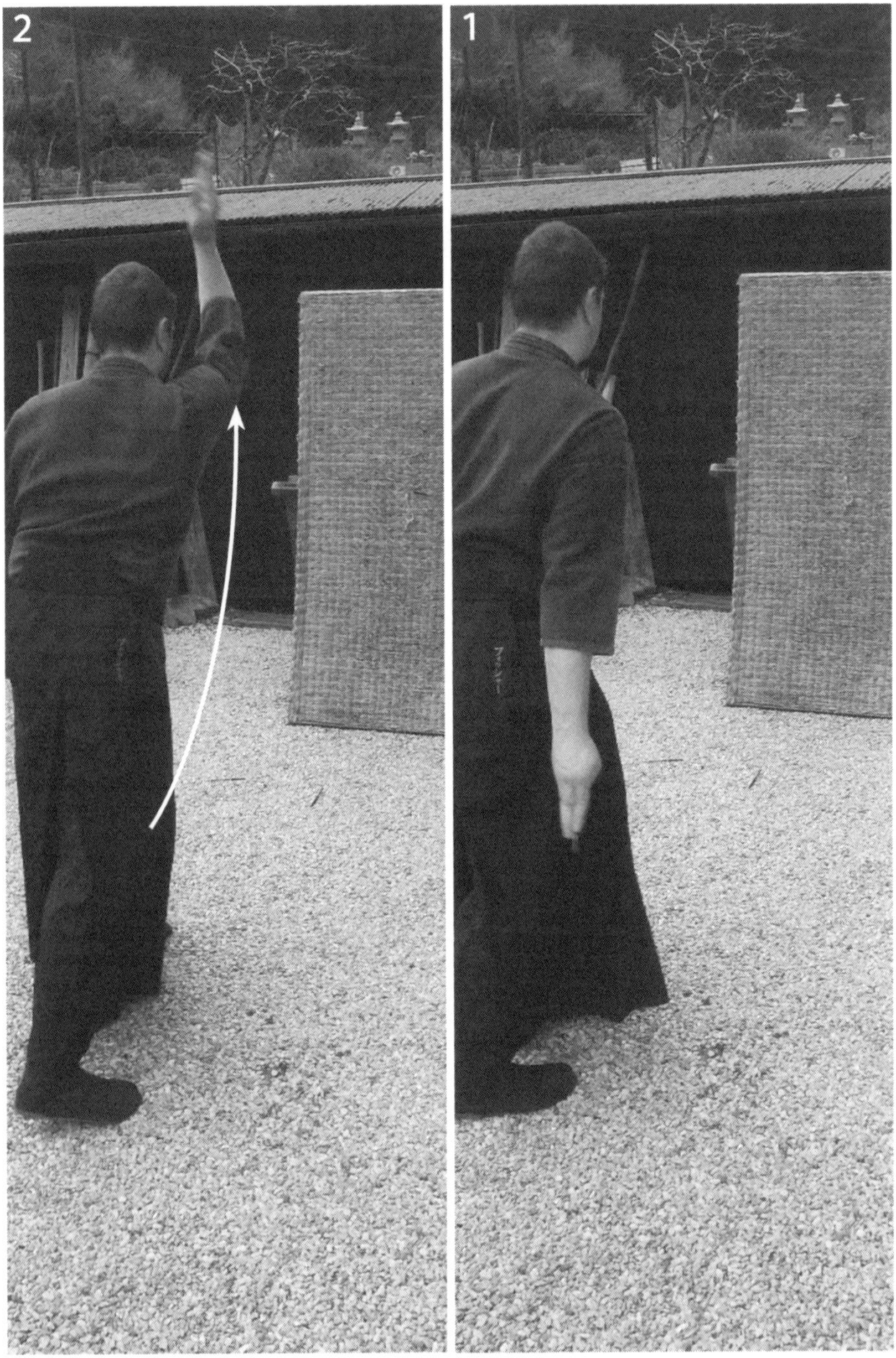

直打のちょうど真逆様に、下から真上に振り上げる打法。剣は下から浮き上がっていく軌道を進む。

## 座打

正座や片膝立ちの低い体勢から、直打の軌道で打剣する。



のが〝常態〟な訳ですから、下りている手に対しては比較的警戒心が発動されないのです。

前ページの写真は基本形で、逆体になっていますが、順体でも打剣できます。

逆打や逆袈裟打、下打も直打同様、コントロールし上下左右への打ち分けができるところまで稽古します。

### 〈体勢の変化〉

次は打つ姿勢、体位による変化です。

これまでは、わかりやすくするため、すべて打剣を立打《たちうち》で説明してきました。しかし、手裏剣は、基本の立打だけでなく、さまざまな体勢での打剣ができなければいけません。ここでは、座打、寝打、と打剣の体勢の変化を解説します。

#### ◉座打

座って打つ「座打《ざうち》」は、上半身への攻撃を下半身

# 寝打

座打から、転がるように地に伏しながら打つ。相手の攻撃をかわす動作と打剣動作を一体化させた体動。

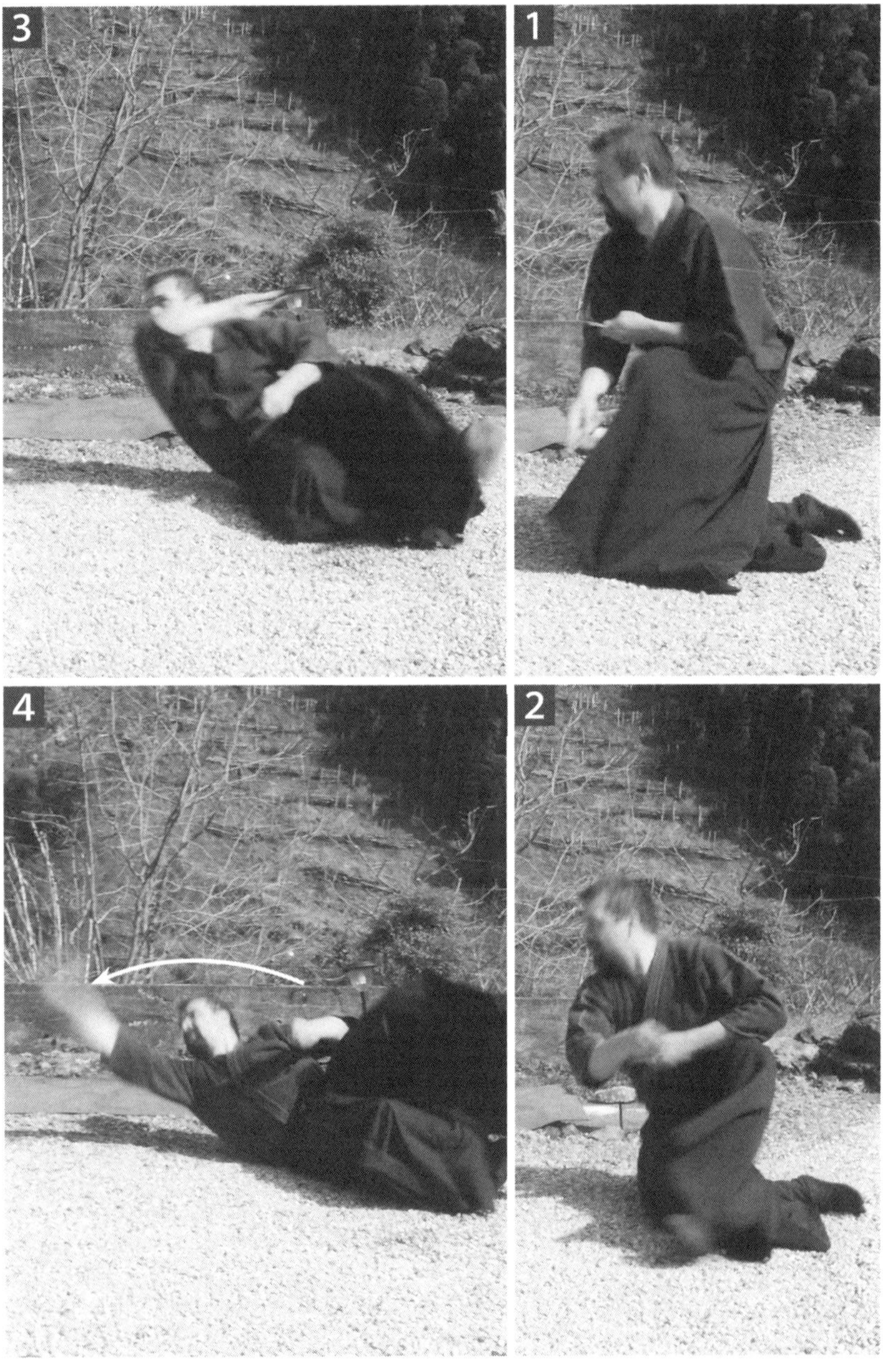

への攻撃に転換することができます。

座ることにより、足腰を使った動きが制限される分、難しくなります。

単に座って打つという事でなく、立打から、座打に移行することで、敵に対してインパクトを与えることができます。

座っても、同じ軌道の打剣ができるのであれば、顔面を狙った攻撃を、腹部を狙った攻撃に変えることができます。

正座で打つ打法もありますが、攻撃の流れを重視するなら、片膝立ちでの打法が有効です。

当流では、立打ち、座打ちを一打ごとに繰り返す稽古も行っています。

### ◉寝打

「寝《ね》打《うち》」は、一般には寝ているところを襲われた時、半身を起こして手裏剣を打つものと解釈されています。確かにその様なシチュエーションもあるかもしれませんが、当流では、相手の攻撃をかわして打つ



方法として、座打から転がるように地に伏しながら、打剣する方法も併せて練習しています。

実際にやってみるとわかるのですが、寝打では、直打より、逆打や逆袈裟打が無理のない打ち方になります。

当流では、寝た姿勢から半身を起こしつつの下打、転がりながらの逆打を練習するとともに、敵の攻撃から、体を捨てる方法、捨て身の打剣として稽古を行っています。

このように、其《その》場《ば》打（移動を伴わない打剣）だけでも、上下左右への打分、右手、左手での打剣、緩急、打法の変化、体勢の違い、立打直打からと、打ち方のバリエーションを広げていきます。

野球のピッチャーでいえば、スウィッチ投法、速球、スローボール、各種変化球を混ぜて、スリークォーター、サイドスロー、アンダースローから投球することを目指すわけです。

次は更に進めて、コンビネーションやフェイクを

# おとり打

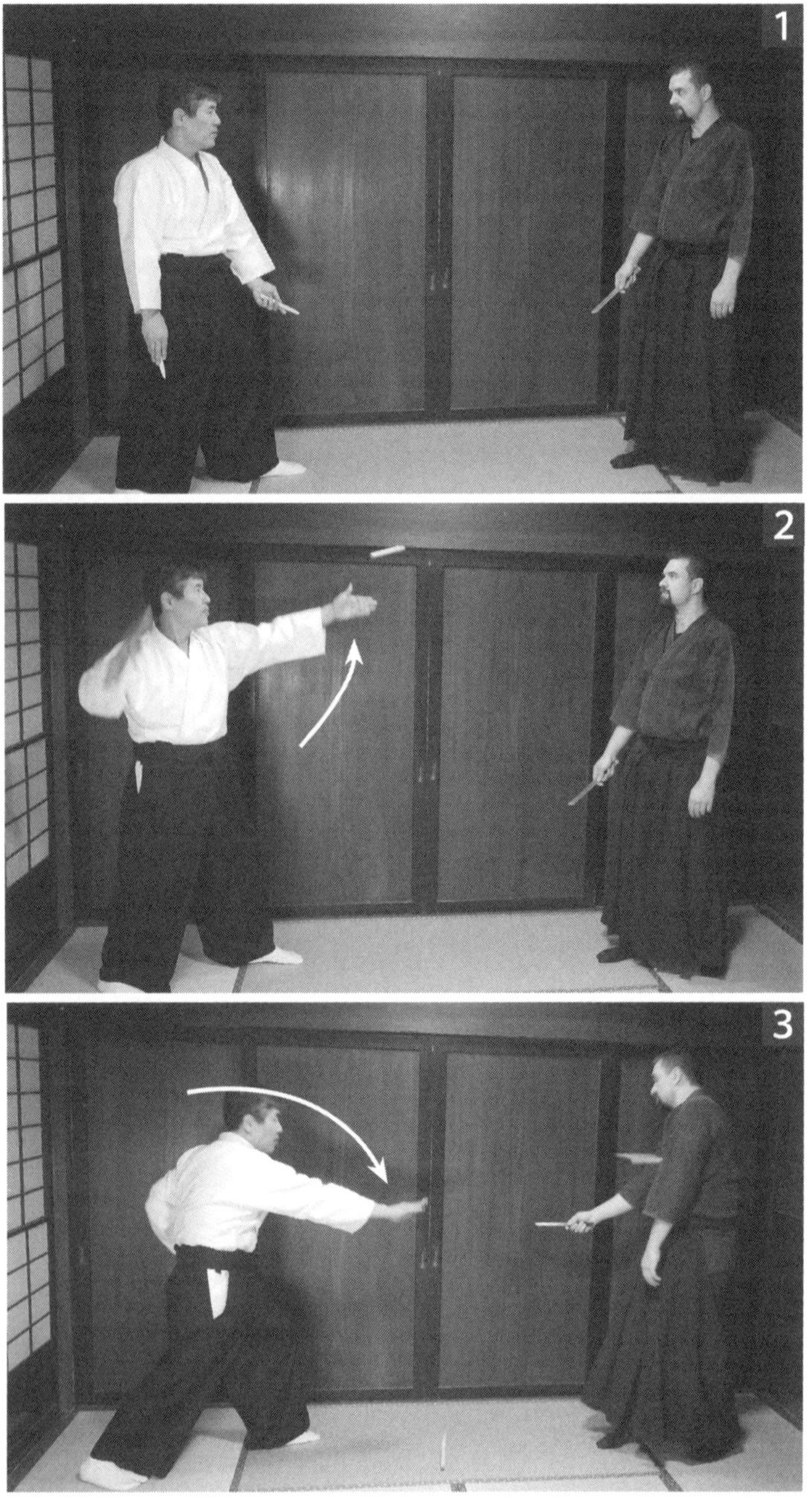


手裏剣を複数持ち、一本をゆるく上空に投げ上げる。ここに敵の注意を寄せさせる事によって視線を上げさせ、次の打剣を相手に命中させる。

加えた打法を解説します。

**〈応用の打剣術（其場打）〉**

我が剣を　切り落とす　敵あれば

　虚実の打ちを　使い極めよ

「手裏剣は、腕を振るラインさえ、読めば、あたらない」と豪語する、打剣さえもを防いでしまう相当の力量を有する強敵と対峙するときには、バリエーションや「虚」と「実」を使ったまやかしの技など、更なる工夫を加えなければならないと道歌は説いています。

奇知奇略は武士の知恵です。

その場での応用技法としては、まやかしのフェイクやフェイントを用いたつり技、騙しのテクニックと複数の技法を組み合わせるコンビネーションの複合技があります。

生涯一度の奇襲技こそ武術の神髄だと考えている当流は、フェイク、フェイントを用いた騙しのテクニックを得意とするところなのですが、相手に知られた時点でフェイクは、フェイクではなくなります。

申し訳ありませんが手の内は明かせません。

ここでは、よく知られた技法のみをお伝えします。

◉空打

実際に打たないで、打つまねをした後、敵の虚をついて打剣します。

打剣のまねだけで、敵はタイミングをずらし、その後の展開が有利になります。

◉おとり打

ガードが堅い敵に対して、一本の手裏剣をゆるく上空に投げます。敵の視線をずらして顎を上げさせ、敵の緊張を一瞬緩めることが目的です。その瞬間、次の剣を打剣します。

限りある大事な剣を一本捨てるのですから、覚悟を決めなければ使えない技です。

# 多本打

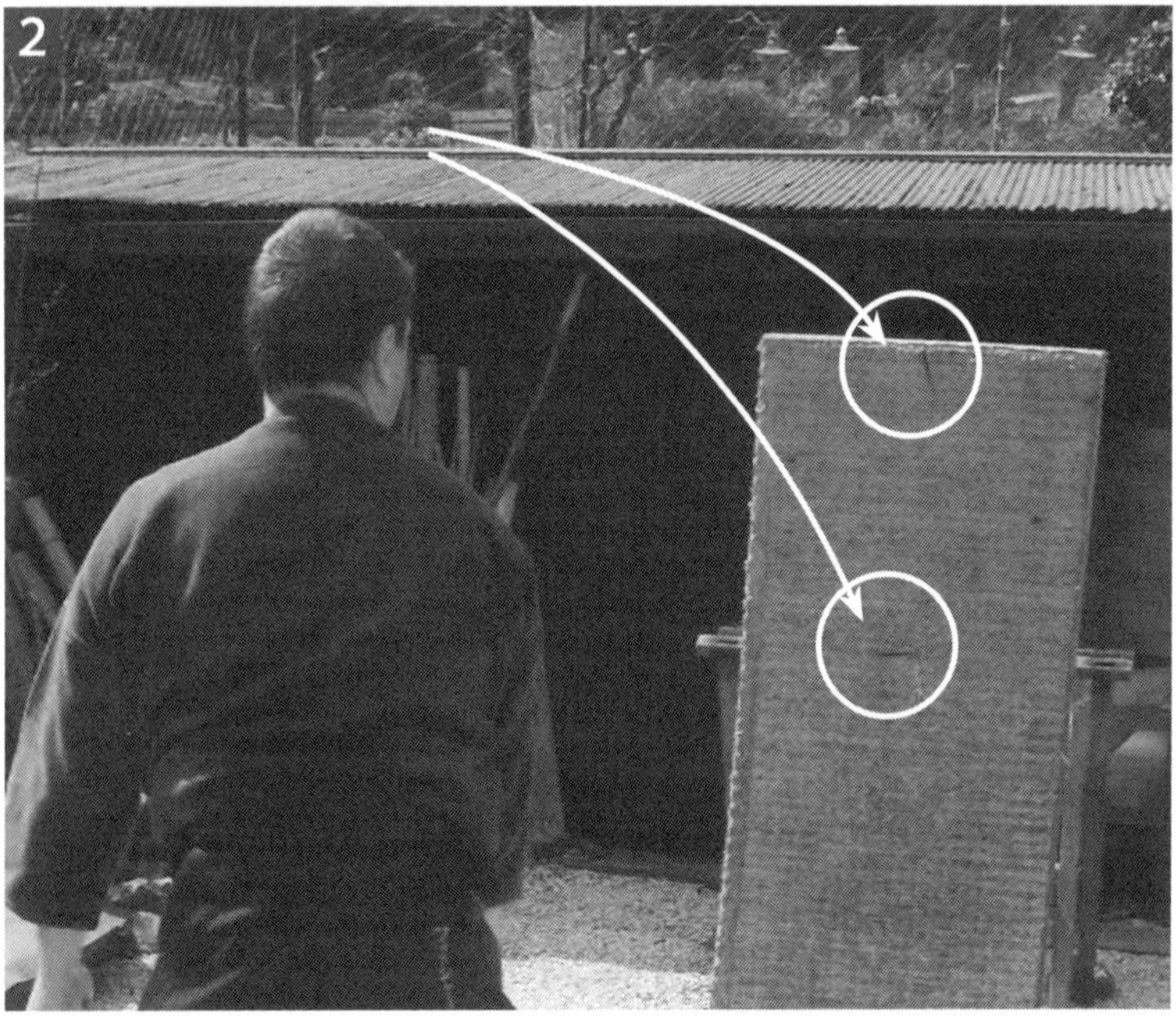

複数本を手裏剣を一度に掌中にし、同時に打剣してそれぞれを違う場所に刺中させる。

### ◉多本打

数本の手裏剣を同時に打つことを多本打と言います。二本、三本の手裏剣を同時に打つことは、受ける側は、同時に複数本の手裏剣を躱さなければなりませんので、効果は大きいと思います。二本が分かれて両目に飛べば両眼打ちとなります。

### ◉複合技　コンビネーション

単発の攻撃ではなく、コンビネーションが有効なことは、誰もが理解するところだと思います。

同じ技を稽古していても、人により、その組み合わせによりオリジナリティが出てくるものだと思いますし、あまり見たことがない技や意外な組み合わせへの対処には、誰もが苦慮するものです。

当流は、奉納演武等の終わりには、参加した者それぞれが得意の攻撃パターンを披露する事としております。そのために、各人が普段の稽古から、コンビネーションの研究に余念がありません。

コンビネーションは、直打、袈裟打、逆袈裟打、下打の打法の組み合わせ、打剣の緩急、上下、左右狙う打剣位置、立打、座打、寝打などによる体位による変化組み合わせなど、かなりの数になると思います。また、当流は左右の手で打剣することを前提としておりますので、バリエーションはさらに広がります。

ここでは、基本的な組み合わせの例を挙げてみます。同じバリエーションでも、スタンダードな連続打ちと多本持での連続打、左右の手を使った連続打は異なった技になります。

#### A　打法の混合

ご紹介した4つの基本打法（直打、逆打、逆袈裟打、下打）はすべて、出どころが違います。これらを混合して連続させる事によって、相手の意識に揺さぶりをかけます。

## 複合技（多本持のコンビネーション）

# 波濤（下打→直打）

一本目を下打で打剣し、二本目を直打で連続打剣。下打動作の終末部が次ぐ直打の開始部になっているため、あたかも一挙動で2つの別箇所から剣が発されるような打剣になる。〝寄せては返す波〟のイメージがこの技名の由来。

## 複合技（多本持のコンビネーション）

# 双燕（直打→逆打）

一本目を直打で打剣し、二本目を逆打で連続打剣。「波濤」が〝縦の揺さぶり〟なら、この双燕は〝横の揺さぶり〟。〝二羽の燕が飛び交う〟イメージ。

## B　多本持のコンビネーション

当流の特徴的なコンビネーションです。

一度に複数本の手裏剣を掌に入れ、一本ずつ打剣します。打剣しない手裏剣の押さえ方と剣の送りがポイントになります。

打法を混合したコンビネーションを手に手裏剣を補給せず行なうため、連続性が素早く、スムーズになります。

・波濤　一本目を下打で打剣し、二本目を直打で連続して打剣します。

岸壁を削る、寄せては返す波をイメージします。

・双燕　一本目を逆袈裟打、二本目を直打で連続して打剣します。

二羽の燕が飛び交う様をイメージします。

## C　両手打

両手が使えれば、ボクシングのような右左によるワンツー攻撃や両手の直打同時打が可能になります。

また、右逆打と左直打などを組み合わせれば、ボクシングでいう〝ダブル〟のような〝同じ所〟からの連射や、左下打と右直打などを組み合わせれば〝対角線〟のコンビネーションが成立します。

・右逆打〜左直打

・左下打〜右直打



## D　体位の変化によるバリエーション

さらに立打、座打を混合したバリエーションです。

上下の変化には、人間の目はついて行きづらく、相手に的を絞らせない意味でも、こちらの攻撃を確実にする意味でも有効な体動となります。

・立直打〜座打逆袈裟打

・座打ち下打から立打直打

前述のとおり、これに、緩急や打剣位置を調整しバリエーションを広げます

## 複合技（両手打）

# 右逆打→左直打

両手に手裏剣を携えた状態から、右手で逆打。間髪入れず左手での直打。相手からみると〝同じ所〟から通常は不可能なタイミングでの連射を受けたような攻撃となる。

## 複合技（両手打）

# 左下打→右直打

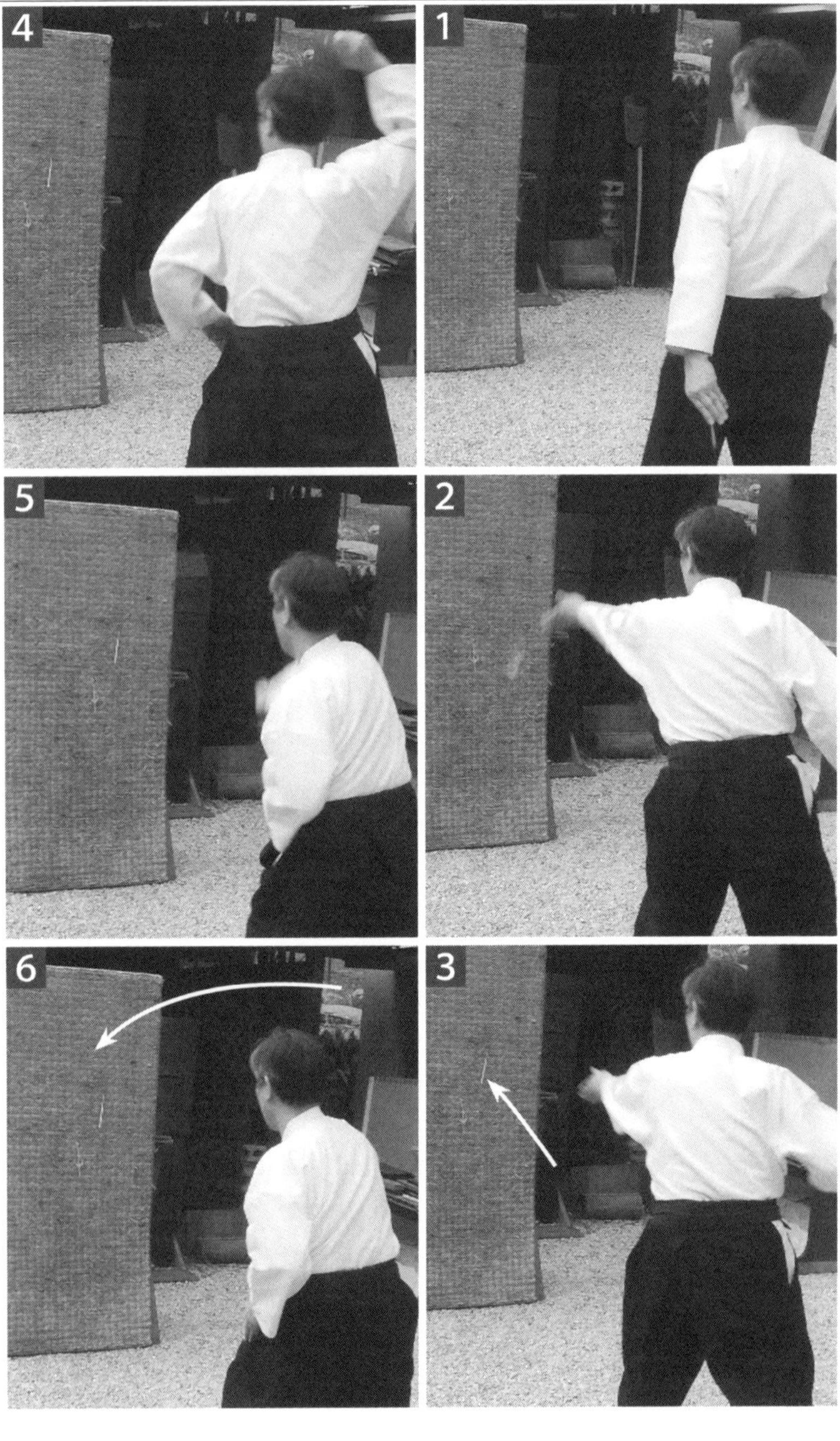


両手に手裏剣を携えた状態から、左手で下打。継いで右手での直打。相手からみると〝対角線〟の攻撃となる。

## 複合技（体位の変化）

# 立直打→座逆袈裟打

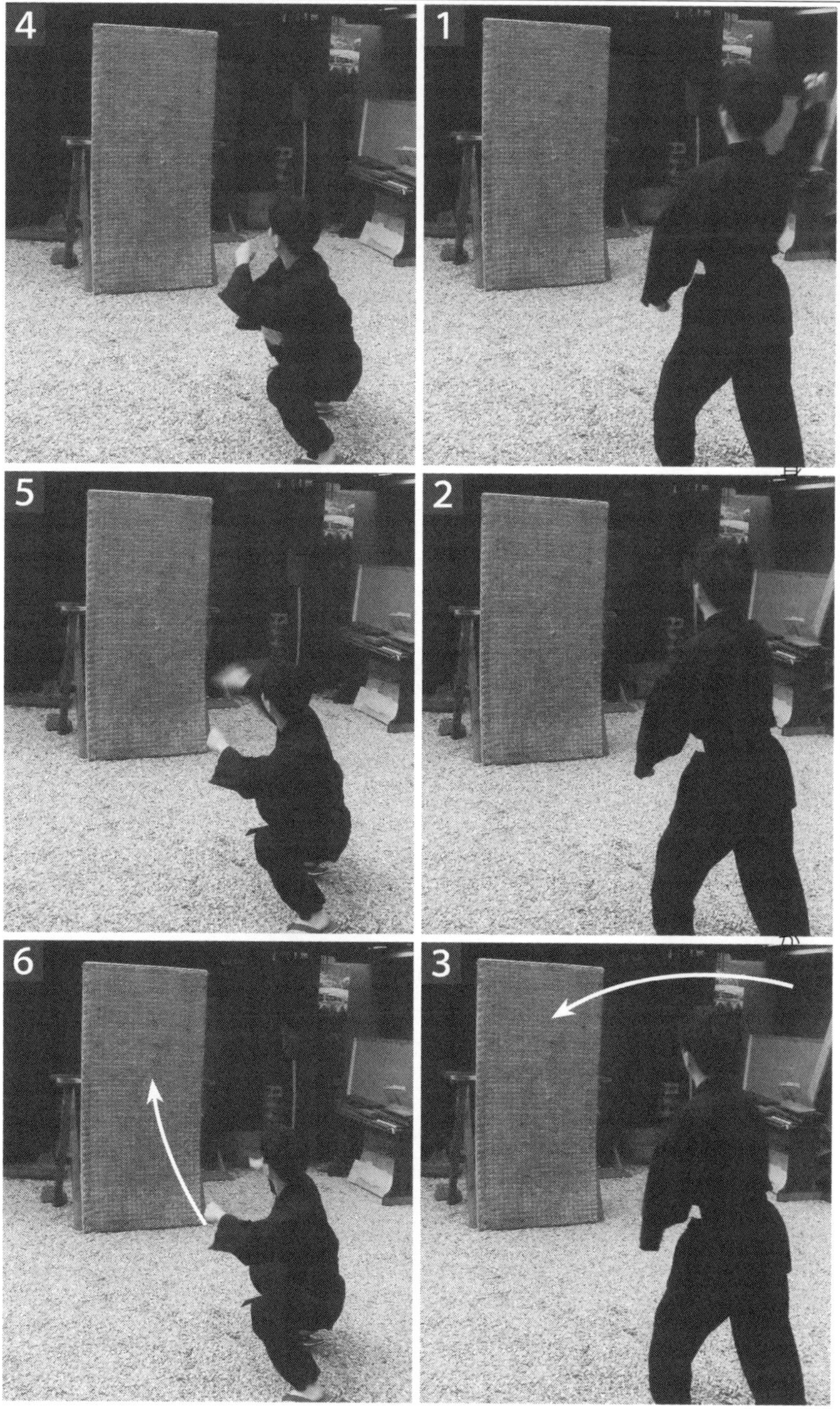


立位で直打、継いで間合いを詰めつつ、身を沈めての逆袈裟打。上下の変化には目がついていきにくい。

## 複合技（体位の変化）

# 座下打→立直打

見えにくい座位での下打から立ち上がっての直打。おとり打からの極打、単敵から多敵への対応変化など、さまざまなシチュエーションに有効な体動。

## 〈応用の打剣術（移動打）〉

前後《まえうしろ》　左右《さゆう》斜めに　回転打《まわりうち》
　動きをもって　敵を制する

戦いにおいては、稽古の的のように、相手は静止していないとは限りません。

静止したまま、敵の攻撃受けることは不利になります。静止したままできる有効な攻撃は限られます。敵と対峙した時は、間合いをはかり、移動しながら、手裏剣を打つ必要があります。

間合いをはかりながら、前後に移動し、左右に動き、体を屈伸するなど動きの中から、正攻法、奇襲を織り交ぜながら、相手を崩し、どこを守っていいかわからない状況に追い込み打剣する、そして近づいた場合は、後に述べる掌剣や武器術、体術に繋ぐという戦法が重要になります。

一拍子《ひとひょうし》　前後《ぜんご》を打つに　糸柳《いとやなぎ》
　身をひるがえす　岩つばめかな

四方打《しほううち》　五月《さつき》の空に矢車《やぐるま》は
　無理なくめぐる　腰のひねりに

前田先生から、鶴田先生に伝えられた歌にも、前後や四方の敵に対して動きながら攻撃することを想定したことが読み取れます。そして、鶴田先生は、更に一歩進めて、前後、左右、斜め、旋回などの移動に、前述した其場の応用バリエーションを加えた、打剣を追加されています。

これまで、其場打で覚えた、打剣を体動とともに用います。

体術の併用を行う場合、この移動打こそが、本来の打剣の姿だと思います。

### ◉順逆の打剣

まずは、一歩踏み込んで、また、一歩下がっての打剣です。

古流の武術は、多くが右足前で構えます。これは、ナンバ歩きの影響だとも、心臓を隠すという意味で

# 踏み込んで順体〜逆体打

右足で踏み込みつつ、右手での順体直打。そのまま左手での逆体直打。順体でも逆体でも同様の打剣ができる事によって、この一連の動きに隙が生まれない。

もあるとも聞いたことがあります。

前述したとおり、手裏剣も、逆打の時は、右足が前になりますが、直打の打剣は、左足が前で、右手で打剣します。しかし、移動しての攻撃や技のバリエーションを考えた場合、空手の順突き、逆突きのように、どちらの足が前に出ていても打剣ができなければ都合の悪い点が出てきます。

また、踏み込んで打剣する場合、手裏剣を持っている手は同じなのに足が入れ替わるという事があります。当流ではこれを踏まえ、出ている手と足が同じ「順体」。出ている足と手が逆の「逆体」のいずれでも打剣できるように稽古します。

・一歩踏み込んで順体での直打
・一歩後退しての順体での直打
・一歩踏み込んで逆体での袈裟打
・一歩後退して逆体での袈裟打
・一歩踏み込んで順体での右直打、左直打（逆体）のワンツー攻撃



同様に踏み込んで、逆打、下打、逆袈裟打をミックスした、右左のワンツー攻撃

このように、どちらの足が前でも、どちらの手でも、どんな打法でも打剣できることを目指します。

### ◉前進打

打剣により、敵を崩し、打つごとに前に進み、より近く確実な位置でとどめの打剣を放ちます。

### ◉後退打

敵の得物によっては、手裏剣は、間合いが近いと不利な場合があります。

敵の攻撃が届かない位置で、なおかつ自分の打剣間合いまで、一気に後退し打剣します。

### ◉歩行打

歩行動作に合わせて、左右の手から下打を仕掛けます。

実戦では相手の得物などを鑑みつつ、〝自分にとって有利〟な間合いをとらなければならない。間合いをとるための「前進」や「後退」の動きの中で打剣ができる事が重要。

## 後退打

## 前進打

## 歩行打

歩く動きの中で右手での下打。どんな瞬間にも攻撃が仕掛けられるのは手裏剣の大きな特長。



### ◉左右打

敵と対峙したとき、前後に動くのではなく、右左に動きながら打法を変え、直打と逆打をおりまぜながら攻撃します。

左右に移動しながら、順体、逆体にとらわれず直打、逆打できることが条件です。左右にステップを踏む時には、必ずしも前後に足が開いたスタンスが取れないこともありますが、座打ち同様、下半身に捉われない打剣を行うことが必要です。

### ◉回天打

回天打《まわりうち》は、敵と対峙した時、突然一歩踏み込みこみながら背を向け、敵の意表をつくとともに、間合いを狭め、手裏剣の持ち替えを行い、向き直って打剣を行います。

敵に背を向けるという勝負の鉄則を無視した動きは、敵の虚をつくために、効果がありますが、何度

# 左右打

左逆打～右直打～右逆打と打法を変えながら、相手に対して左右方向へ移動していく。相手に対しての位置関係変化とともに足の状態も目まぐるしく変わっていくが、どの瞬間にも打剣できる事が重要。

# 回天打

相手対して一歩踏み込みながら一瞬背を向け、向き直りながら打剣。相手の意表をつく体動。

## 敵の真横からの打剣

相手にとって防ぎづらい〝真横〟からの打剣も可能。逆打で前方に回り込ませるようにして相手前面から打ち込む。

もできるものではありません。敵が慣れれば、その瞬間を狙われるということもあり得ます。ここぞという時に使うものであることを念頭においてください。

## 〈正面からの打剣だけでは戦えない〉

打つ位置を　正面《まえ》に限る　ことはなし
　防ぎがたきは　斜の打剣

多くの手裏剣術は、常に正面からの打剣の稽古をしていますが、敵の防御が薄い、背面や側面にまわり、斜めから角度を変えて打つことを想定した稽古が行われていないように思います。

なぜ敵が防ぎづらい位置からの打剣を想定して稽古してこなかったのか、私には疑問です。

サッカーのコーナーキックから直接ゴールを狙うことは難しいのですが、相手にとっては脅威です。

これと同じように、体を移動させ、敵が防ぎづらい角度からの打剣はとても有効なものです。打剣エリアは、相手を中心に円を描いて、３６０度、すべての角度であるということを認識することが大切です。

敵と正面で対峙した場合は、斜め、真横、後方へと攻撃に有利な位置へ移動し、そのどこからでも、また移動の過程でも打剣できることが求められるのです。

前述のとおり、卍巴の型のはじめの結立は、開いた足の角度へ移動すること、斜め前方、斜め後方へ回り込む動きを示します。

敵の体動に合わせ、前に出てきたら回り、後へ引いたら、斜め前に出て、敵の正面ではなく、こちらが攻撃しやすく、敵が防御しづらい、横や後方に位置するよう移動して、打剣します。

このほか、ここでは紹介できませんでしたが、当流には、打剣において、遠間の敵に対しての反転打やミサイル型の手裏剣、必殺の威力を秘めた短刀型の手裏剣での打剣などがあります。

# ◉掌剣術

掌剣術とは、手裏剣を打剣せずに手に持ったまま戦う技法群です。

当流は、「殺活自在」の考えから、掌剣の技法を「手裏剣を持った場合」「ボールペンなどの代用品を使った場合」「指先や鉄槌を使い、無手の体術に変化させた場合」と三段階に変化させて用います。護身のための掌剣や体術との併合も有効です。

この事については、柔術拳法を理解した後の方が、説明が分かりやすいので、項を改めて解説することとし、ここでは、打剣との併用技について説明します。

古来より、短い武器を用いて戦う時は、剣、槍、棒などの武器を持った敵に対し、どうしたらその手元に付け入れるかが研究されてきました。手裏剣術はまぎれもなく、そのための一方法だったはずです。



動きながら手裏剣を打つということは、間合いにより、手元に付け入れたら、掌剣での攻撃に切り替えることを想定しなければなりません。

打剣で翻弄し、間合いを詰める、打剣でダメージを与え、体制が崩れた敵の手元に飛び込んで表裏一体の掌剣で突き、斬るというのが、手裏剣を用いての戦い方です。

移動打のフットワークを、そのまま掌剣に活かし、移動打の変化として、掌剣がある、という技術でなければならないのです。

逆を返せば移動打ちは、単に動きながら、打剣するのではなく、とどめの技としての掌剣術へのつなぎとして考えることが重要になります。

打剣の形を掌剣で用いる場合は、前に一歩踏み込んで順体となり心臓を守ります。右足前の順体直打が構の基本となります。

手裏剣の握りは、剣先を親指側から出す順手と小指側から出す逆手があります。

# 打剣動作はそのまま掌剣動作に

剣を手に持ったままで戦う掌剣術においても、打剣術の４つの基本動がそのまま応用される。

## 斬上（逆袈裟打）

## 打込、斬り（直打）

## 下突（下打）

## 横・斜めへの斬り（逆打）

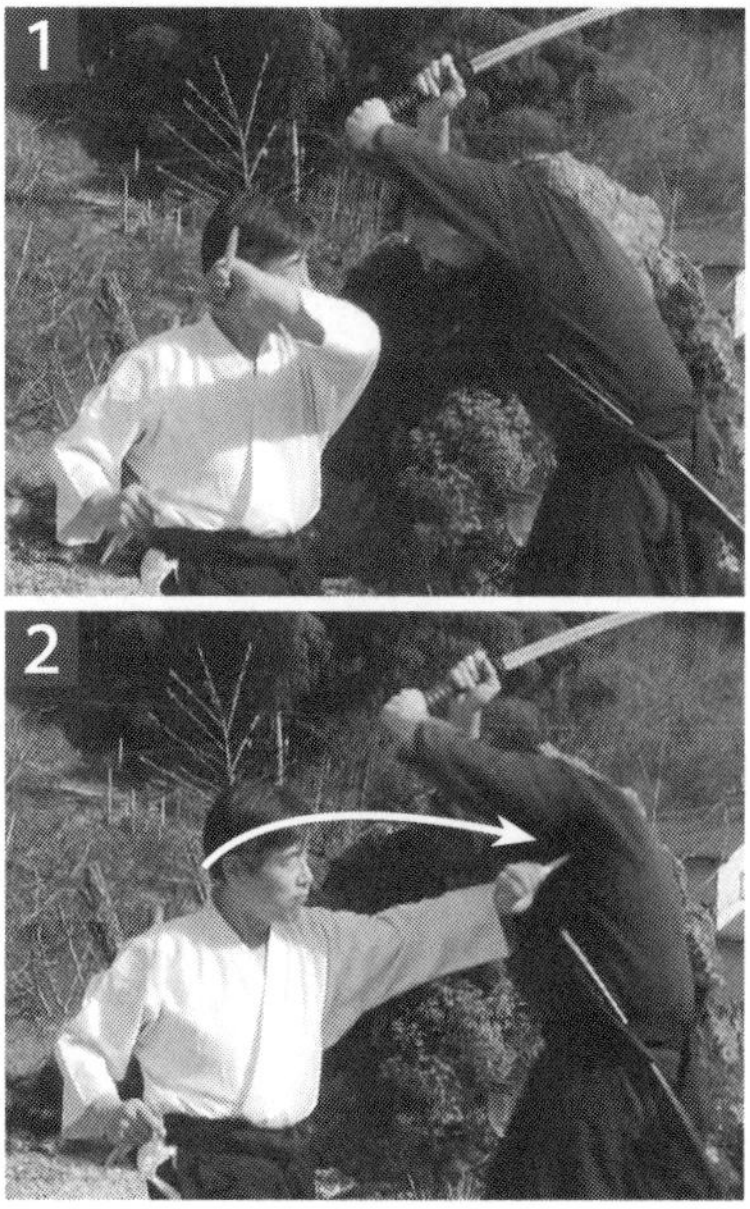

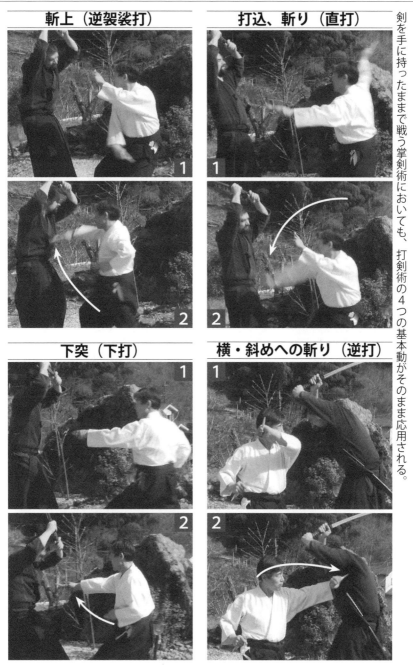

## 打剣から掌剣へのコンビネーション

# 前進打

直打で崩し、掌剣の間合いに入ったら継足で飛び込んで下突き（順手）。

## 打剣から掌剣へのコンビネーション

# 左右打

左右にステップを踏みながら、逆打、直打で間合いをはかり、飛び込んで逆袈裟打を応用した斬上（順手）。

## 打剣から掌剣へのコンビネーション

# 打込

直打による崩しから、踏み込んで直打を応用した打込（逆手）。

技法的には、それぞれの打法を掌剣技として使います。

・直打が打込、斬り
・逆打は、横、斜めへの斬技
・逆袈裟打は斬上
・下打は下突き

**〈打剣から掌剣へのコンビネーション〉**

・前進打　直打で崩し、掌剣の間合いに入ったら、継足で飛び込み下突（順手）。
・左右打　左右にステップを踏みながら、逆打、直打、逆袈裟打で間合いを図り、飛び込んで逆打を応用した水平斬か、逆袈裟打を応用した斬上。
・打込　直打から、踏み込んで、直打を応用した打ち込み。

また、掌剣による、突き、打ち、斬りも、正直一辺倒では、底が知れますし、躱された場合はスムースな二の矢を用意しておく必要があります。

ここでも打剣同様、掌剣の組合せ、コンビネーションをご紹介します。

**〈掌剣のコンビネーション〉**

・直打の打込み（逆手）から、下打ちの下突（逆手）への変化
・逆袈裟打の斬り（逆手）から、逆打の打込（逆手）への変化
・袈裟打の斬り(順手)から、逆袈裟打の斬上げ(順手)
・下打の下突（順手）から、袈裟打の斬り（順手）

このように、当流では打剣から掌剣へのつなぎを大切にしています。打剣により敵を崩し、間合いが近くなったら掌剣で戦うために、言葉だけではなく、技術的に打剣の延長線上に掌剣がなければなりません。そして、更に、武術として考えたとき、打剣と掌剣だけでは完結できない戦いを想定する必要があります。

敵も、勝ちを得るため、さまざまな策謀を巡らせ

# 直打の打込から下打の下突

直打の打込（逆手）から下打の下突（順手）。

1

2

3

4

## 掌剣のコンビネーション

# 逆袈裟打の斬上から逆打の打込

上段への牽制から一気に間を詰め、逆袈裟打の斬上（逆手）から逆打の打込（逆手）。

# 直打の袈裟斬から逆袈裟打の斬上

上段への牽制から一気に間を詰め、直打の袈裟斬（順手）から逆袈裟打の斬上（順手）

## 掌剣のコンビネーション

# 下打の下突から逆袈裟打の斬上

一気に間を詰め下打の下突（順手）。突いた剣をすかさず左方へ送り、逆袈裟打の斬上（順手）。

て戦いに臨んできます。

戦況は千変万化、刻々と変わります。打剣の間合いでも、掌剣の間合いでもなく敵が武器を手にしている状況や、手裏剣を打ち尽くしてしまった場合もあります。

日本刀の佐助兵器だった手裏剣を現代でも、様々な状況で有用な武術とするためにプラスアルファが必要です。

# 第4章

# 手裏剣以外の武器術

## 1 どんな得物も使えねばならないという前提

最短、最小の武器である手裏剣術を「どんな状況でも何とかする」ためのものとして解説してきました。これは言い換えれば「手裏剣の扱いを心得ていれば、他のどんな得物がある場合でも活用する事ができる」……でなければならないという事です。

いかに最短、最小の状況設定から始まっていると言っても「手裏剣さえあれば何とかなるのだが、あいにくここには長めの棒しかない……」であっては本末転倒です。

ここでは、当流が理想とする「どんな状況でも何とかする」を目指すために、手裏剣以外のさまざまな武器術及び武器と体術が混在する技法をご紹介します。

これらはいわば手裏剣の異なる利用形態です。

当流は流派の定寸の武器を用いることに拘りません。杖や短棒を修行しながら、時には「この技は傘やカバンでも使えるよな」なども考えています。

使う武器　手の延長と　心得よ
どんな得物も　理合《りあい》はひとつ

この歌こそが本章でお伝えしたい事をそのまま示しています。

## 2 杖術

一般的に武道の「杖道」では、長さ約四尺余の「杖」が使用されていますが、当流は、長さにはこだわりません。日本刀に対するのであれば、ある程度の長さが必要だと思いますが、室内の場合は三尺や二尺余程度のものを応用することも想定しています。

非常に身近にある〝傘〟などは大体二〜三尺です。当流の杖は、ステッキや傘などの日用品を代用するためのものでもあります。

「杖」は両端とも武器として機能しますし、そういう意味では「刀」に比べても自由度の高い武器です。実際、杖の技術に長けた人の演武を目の当たりにすると、その動きの多彩さに驚かされます。

しかし、だからといってそれほどに多種に及ぶ数多くの違った動きをマスターせねばならない、……だとしたら、武術として問題があるように、私は思えます。

少なくとも、当流で行う杖術は、手裏剣術の体動とまったく同じです。つまり、手裏剣術の体得者は杖もすんなり扱えてしまうのです。

手裏剣の打剣術は、先述の通り、直打、逆打、逆袈裟打、下打ちの４つです。そしてこれらの体動はすべて卍巴の型の中に包含されていました。

杖の攻撃動作も、４つに集約されます。卍巴の型によって質の高い〝4動作〟が手に入っていれば、杖においても、もうあらゆる攻撃動作も防御動作もできます。

直打動作は「打下《うちおろし》」、逆打動作は横への「払打《はらいうち》」、逆袈裟打動作は下からの「振打《ふりうち》」、下突動作は「下突《したづき》」や「打上」に相当します。（次ページ写真参照）

意外に思えるかもしれませんが、「杖」ほど、そのまま打剣の技が活きている武器はありません。打剣の４動作は、相当に合理性が追究された動きです。一方、杖のような長物武器は、非合理的な手先の動きでは働いてくれません。どちらも、余計なものが削ぎ落とされていって、最終的にここで繋がらざるを得ないところなのかもしれません。

「長い武器はできるだけコンパクトに使え」「長いが故にその長さを悟らせない」というのが、杖を教えるときの鶴田先生の口癖でした。

ここには〝意外性〟という要素が秘められています。その長さを悟られていない状態から、唐突にその長さを最大限に活かす用法ができたら、相手にとってその攻撃はもはや遠間から打剣したのと同じくらいの威力になります。

大事なのはその武器の絶対能力ではありません。いかにその武器を、敵の認識能力も含めて〝最大限〟

## 打剣動作が杖の攻撃動作に

### 打下（直打）

上から前方へ振り下ろす〝直打〟の動作は、杖の打下ろし動作になる。

### 払打（逆打）

逆側から水平に振る〝逆打〟の動作は、杖の払打ち動作になる。

### 振打（逆袈裟打）

下から斜め上に向かう〝逆袈裟打〟の動作は、下からの振打ち動作になる。

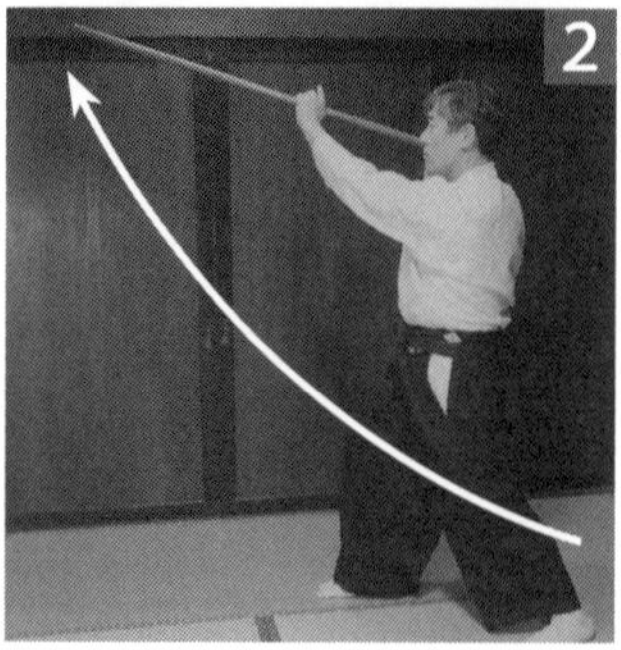


### 下突（下打）

下から前方に振る〝下打〟の動作は、杖の下突き動作になる。

**遠間からの不意打ち下突き**

数歩かけて駆け寄らないと届かないように思える遠間。杖の長さを悟らせない構えからの下突きは相手にとってまさに〝不意打ち〟。たった一歩で攻撃を届かせてしまう。



に活用できるかなのです。

杖の動作は〝たった〟4つではありません。ここには恐ろしいほどの可能性が秘められているのです。

思えば、野球の一流ピッチャーとて、投げ方は1つ、せいぜい2つくらいのものです。しかし、速球を実現する身法が確立していれば、チェンジアップも同じフォームでできます。コースの投げ分けも当然、同じフォームで行ないます。読まれない、打ちにくい変化は無限に生み出されます。実践対応力、臨機応変のバリエーションは、〝投げ方の数〟で決まるようなものではありません。

結局物を言うのは、この4つの動きが、いかに無駄なく力みなく、洗練された動きとして行なえるか、というところになります。それが獲得されていれば、動きは次々と自然に生まれてきます。淀みなく連なって行きます。そういう連続動作は相手にも読まれにくく、対応されにくいものになります。それと同時に、見た目以上に大きな威力が発揮された

# 何でもない動きの連続こそが〝実戦力〟

ナイフの攻撃を防ぐと同時に相手の体に崩しをかけて制圧する一連動作。防御（写真2〜3）と攻撃（写真4〜5）が淀みなく、一体となって連なる事により、相手を巻き込む事ができる。〝達人技〟的にも映るが、実際に行なっているのは〝直打〟〜〝下打〟程度の動作にすぎない。

ものになるのです。

## 3 短棒術

当流の短棒術は、大型の手裏剣の利用法を研究したところから、出発しています。

一尺を超える大型の手裏剣の威力は絶大です。「ドスン」という音とともに畳の的を貫通してしまいます。しかし、重量があるため、本数を持てませんので、連打には向きません。

近い距離で用いるとき、掌剣というよりも、打ち物の利用法になります。当流では、これを短棒術として発展させました。

稽古では主に、八寸から二尺までの硬木を用います。そしてこの短棒を、片手で扱える武器のモデルとして稽古します。また、手裏剣と武器をどう併せて使うのかということを学びます。

この技法を習得すれば、十手、鉄扇、鉄刀でも活用が可能ですし、大型の手裏剣をそのまま用いれば、手突槍的な用法も可能です。

それだけの〝可能性〟を秘めている武器だと言えるでしょう。

操法は、体動的には杖と同じです。つまり〝4つの動き〟ですべての技は可能になります。

短棒は当然レンジにおいて杖に劣ります。杖なら届かせられる間合いが、短棒では、届きません。では、短棒は杖に劣る武器なのかというと、決してそんな事はありません。先の通り、短棒にはレンジという要素だけでは片付けられない〝可能性〟があるからです。

〝可能性〟を認識し、それを追究するのも、当流の大切な理念です。短棒には短棒の優れたところがありそれを認識していなければ、最大限に活用する事はできません。

短棒の〝可能性〟とは、操作性の自由度です。この長所はそのまま手裏剣の用法にも受け継がれている訳ですが、その攻防動作を流れるように連続させていける点は大きな特長です。

## 短棒の流れるような連続性〟

敵の手の武器をはたき落とし、すぐさま胸部への突き込み、と継ぎ、最終的な顔部への押制までの一連動作が、実際には1秒もかからぬ間に流れるように展開される。短棒という武器が秘める優れた操作性を活かした用法。

短棒の特徴的な用法〝脇挟み〟。すぐに攻撃・防御動作を繰り出す事ができ、見た目以上に俊敏で即応性が高い。



棒を〝振り回して相手にぶつける〟という使い方しか発想にないと、短棒は杖に比べてレンジでも威力でも劣る武器、という所にとどまります。しかし、前章の掌剣術の所で触れた、突いたり押し当てたりする用法を含み入れると、短棒の〝可能性〟は一気に拡大します。

一つ、ここで特筆したいのは〝脇に挟む〟用法です。自分の脇に挟んで保持する待機状態です。

この用法は、手裏剣と併用する技法において、打剣の準備のために両手を空ける、という目的のために生まれました。これは杖でも手裏剣でも同様には扱えないので、短棒特有の用法と言えるでしょう。

待機状態と記しましたが、これは瞬時に打撃が繰り出せるアイドリング状態でもあります。そして、この状態からさまざまな方向に攻撃が繰り出せる、すなわち、相手にとって察知が非常に難しい体動なのです（134〜135ページ写真参照）。しかもこの写真のように右脇に挟んだ状態から、右手でも左手でも繰り出す事ができるのです。広すぎるほどの自由度

## さまざまな方向の攻撃が可能な“脇挟み”

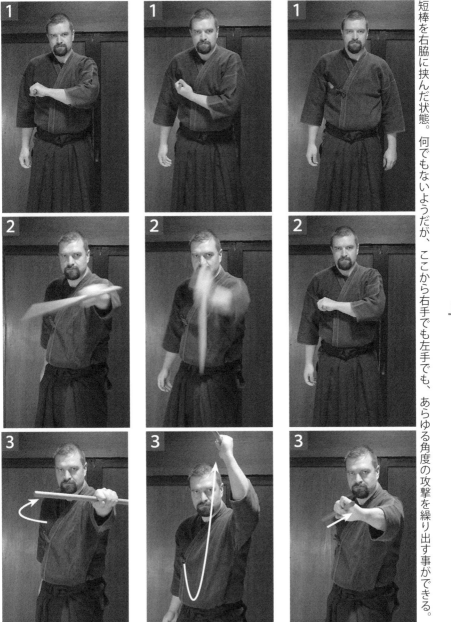

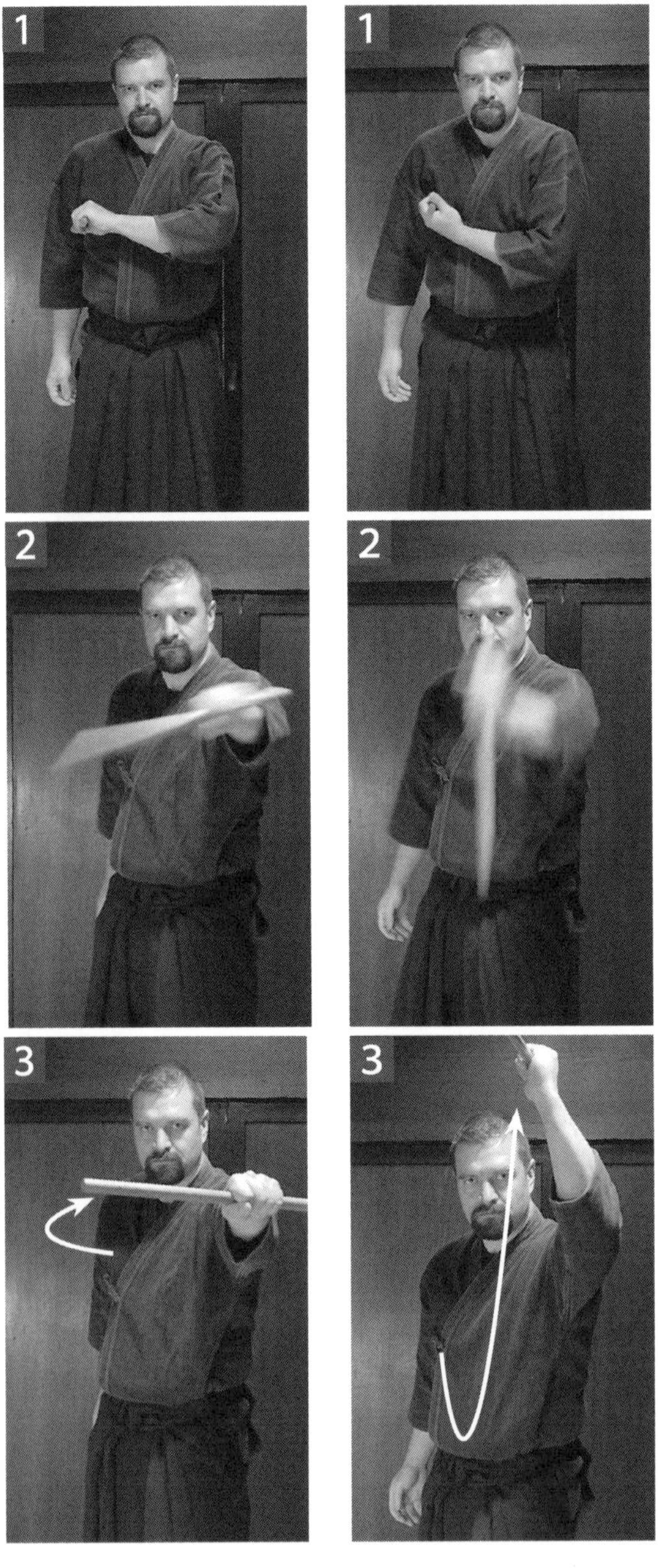


短棒を右脇に挟んだ状態。何でもないようだが、ここから右手でも左手でも、あらゆる角度の攻撃を繰り出す事ができる。

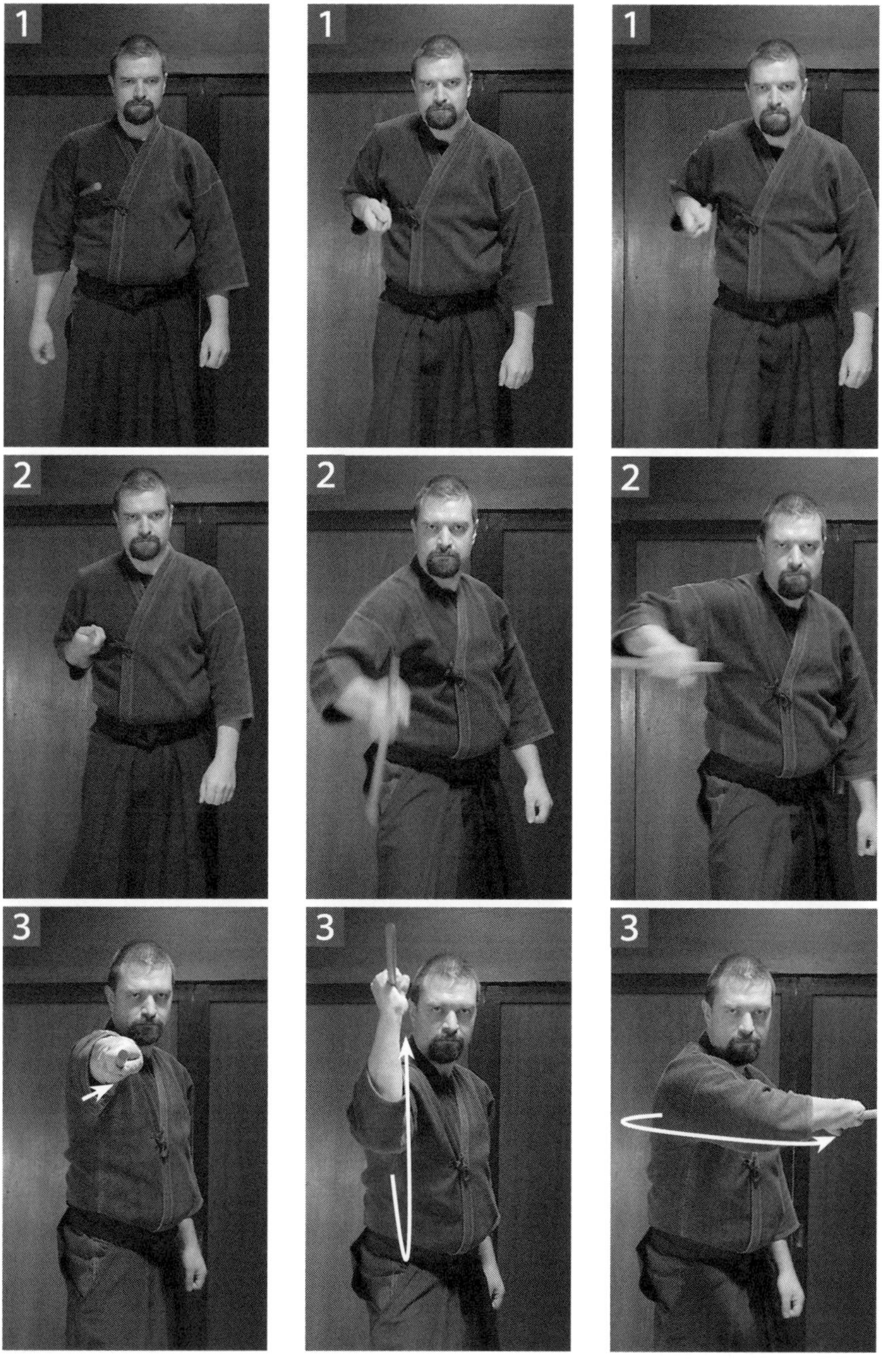
1
1
1
2
2
2
3
3
3

を秘めた状態がこの〝脇挟み〟です。

## 4 紐つき武器

打たずとも　紐をつければ　剣活きる
振打《ふりう》つ打撃　正逆自在《せいぎゃくじざい》

名和弓雄先生は、名著『隠し武器総覧』で、隠し武器、穏剣を「投物」「握物」「鎖物」「打物」の4つに分類し解説されています。

手裏剣は、携帯、隠匿性にすぐれ、近接・遠隔の戦闘、双方に優れた隠し武器の最たるものとされていますが、この分類によれば、「投物」と「握物」に当たります。体術とともに用いられるこれらの武器は、当流が目指すものに近く、鶴田先生も大いに研究されたそうです。しかし、手裏剣以外の隠し武器術と言えば、鎖をつけたり、特殊な形に加工した特殊な形状の武具が多く存在します。そして、それを作るのにも時間とお金がかかりますが、鶴田先生は、手裏剣を基に、できるだけ、手間をかけずに製作できる隠し武器を研究され、考案されました。

この時、念頭に置かれたのが、手裏剣が分類されていない「鎖物」「打物」として使える武器の製作でした。手裏剣を応用してこれらの武器を作成し、手裏剣の技術の延長線上で使用したいと考えられたのです。

前項で述べたように、「短棒術」の元は大型の手裏剣でした。大型手裏剣は「投物」と「打物」の性質を兼ね備えます。

また、「鎖物」と同じ動きで、同等の威力が発揮できる武器を考案するため、鶴田先生がされたことは、手裏剣に穴をあけ、丈夫な紐をつけることでした。武器の短さを補い、振り回すなど、鎖物と同じ用法を可能にしています。

冒頭の道歌は、武器に紐を使う利点を説明しています。鉄の直線的な攻撃を、変幻自在な曲線的な攻撃に変えることができるということです。

〝紐〟の存在は、武器の可能性を飛躍的に拡大します。振り打つことの外にも、紐を使って手の中で

# 護身之棒

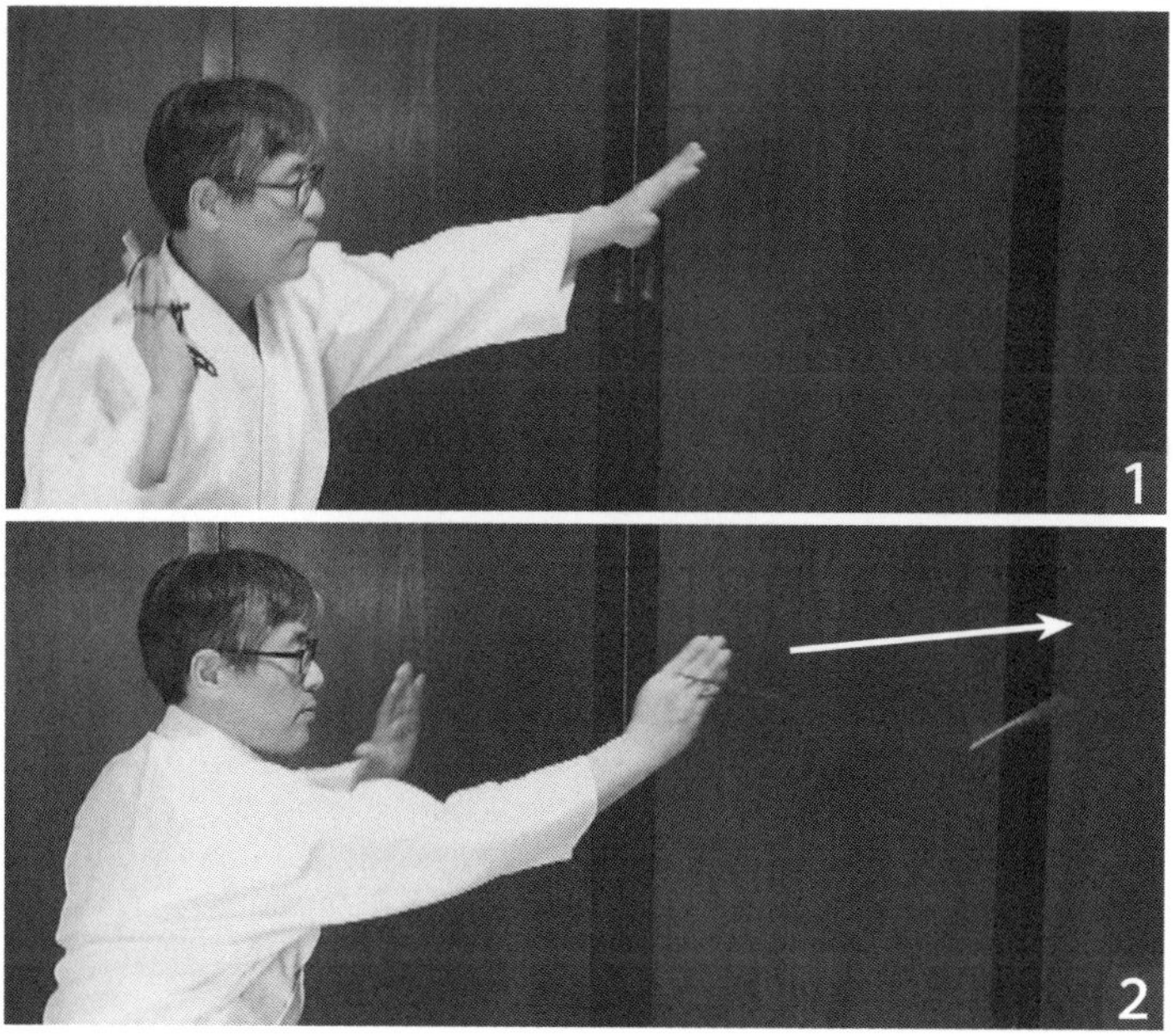

手裏剣の鋭角さを取り除き、紐を付けて分銅鎖的に使えるようにした護身之棒。紐を指にかける事によって近距離での回収可能な打剣が可能。



武器を固定し、正・逆の持ち替えを簡単にして、「握物」としての威力が格段に上がることなどに着目し、手裏剣を手裏剣として使わなくとも、紐等で工夫をすれば、威力のある武器として使うことができることを説いています。

## ① 護身之棒

護身之棒は太目の手裏剣の鋭角な部分を丸め、紐をつけた全長二尺程度の武器です。

鎖術の代わりとして、鶴田先生が工夫されたもので、紐をつけることにより、武器の短さをカバーし、予測不能な曲線的な分銅鎖的な攻撃が可能です。

### ◉顔面打

紐を中指にかけた状態で、護身之棒を手裏剣のように手の中にセットします。間合いを図り、敵に近づき、直打または逆打で敵の顔面へ打込ます。

### ◉釣鐘打

紐を中指にかけた状態で、護身之棒を手裏剣のように手の中にセットします。敵の眼前で座ると同時に、下打で下腹部に打込ます。

◉振出

紐を中指にかけた状態で、護身の棒を脚裏に隠して、敵との間合を詰めます。下段振上打ちから、打下しの縦の変化で攻撃します

◉旋回打

片手の中指に紐をかけた状態で、護身之棒と紐部を両手に持って構えます。敵の眼でしゃがんで、敵の攻撃から逃れるとともに、膝横打を行い、立上がって旋回打ちで顔面を狙う横の変化で攻撃します。

◉袈裟打

片手に掌剣を構え、間合いを図り、突脅しから一歩踏み込み袈裟打を左右に行なう斜の変化で攻撃します。

◉隠打

背中や首裏に護身之棒を隠した状況で間合を図り、横に振出し、顔面、脇腹を打撃します。

◉前崩

掌剣の応用です、紐部を利用して、敵の突を、体側から弾いて、棒の部分で首裏、若しくは背面を突いて前に崩します。

◉後崩

掌剣の応用　棒部、紐部を利用して、敵突きを打落か、打込を跳上げ、そのまま紐部を首部あて、後方へ倒します。

## ② 縄びょう　紐手裏剣

名前のとおり、中国武術の武器を意識し、用法を考案したものです。

この武器には、六尺を超える長さの紐がついています。その紐を使わないことも、短い長さで使うのも自由です。つまり、この武器は、近距離では掌剣として、中間距離は護身之棒として振り回し、紐で首絞めや捕縛を行う。離れた敵には、この武器本来の紐をつけたまま、打剣し、回収する。また、遠心力を利用しての打剣や、前後、左右の方向転換を使った技が可能です。

一つの武器が。近い間合いから、遠い間合いまで

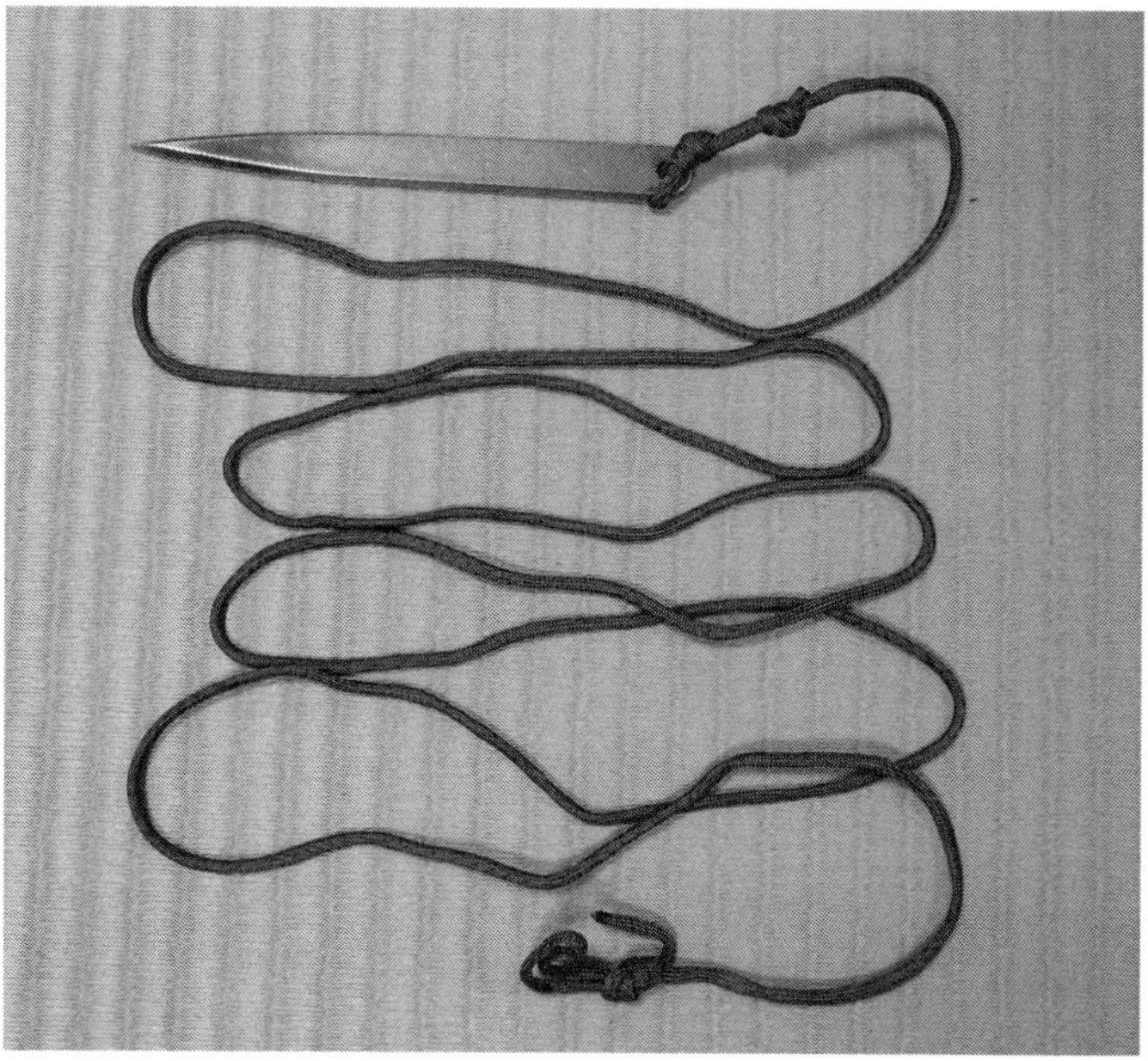

手裏剣に紐を付けた〝縄びょう〟



をカバーします。

ここでは、新たに登場する長い紐を用いた技法をご説明します。

## ◉打剣

紐付き手裏剣として打剣します。打剣後に、その剣を回収できるのが大きな特長です。相手に拾われて逆用されるリスクも軽減します。

## ◉振当

刺すのではなく、手裏剣の重さを利用して、分銅として用います。剣でなくただの分銅を付けた「分銅鎖」という武器が存在する所からも分かるように、この用法は非常に有効です。

旋回させた状態で間合いを図り、上から、横から、下から、さまざまな角度で、敵の体に叩きつけます。

## ◉斬当

手裏剣の切っ先を使って、敵を斬る技です。紐付きの刃物として、体動に合わせ斬り込みます。手や顔など衣服に守られていない部分を狙います。

# 縄びょうの打剣

紐を持って振る動きの中で目標に刺中させる。刺さっても外れても、紐を引けば剣を回収できる。

## 縄びょうの紐を使った体制御

上から斬りつけてくる手の上腕部を両手で張った紐でとらえ、同時顔面にも紐をかけて動きを制御。そのまま踏み込んで後方へ倒す。縄びょうの紐を使った体制御は力では抗い難く、非常に有効。

◉水車

体の横で手裏剣を回し、間合いを図り打ち出します。円の回転を直線の攻撃に変えます

◉四方打

前後左右に手裏剣を振り、その反動を利用して反対側の敵を攻撃します。

◉紐締

掌剣、護身之棒、振当、斬当等の技法を駆使して敵に近づき、紐を使った締技等を用います。敵の体をコントロールし、倒すためにも有効な方法です。

手裏剣は鉄製です。鋭利であるとともに、ぶつけるだけで十分なダメージを与えるだけの十分な重さがあります。重みを利用したものが護身之棒、回収可能とした紐付手裏剣が縄びょう、この他口伝になっている、その鋭利さを利用した護身針があります。

これらに使う紐はもともと江戸打ひもを用いていましたが、当流のマルクス・フィッシャー師範がドイツ軍のパラシュート部隊に所属していたこともあり、現在当流では主にパラシュートコードを使用しています。安価でとても丈夫です。



## 5 そばにある〝何か〟

身を守る　物は身近に　あると知れ
思念工夫《しねんくふう》で　強いみかたに

手裏剣や各種武器が使える、という事は、身を守るうえで、大きな力をもたらしてくれますし、戦いにおいても大変有利です。しかし、現在の日本においては、日常生活において、手裏剣や武具が身の回りにあるわけではありません。そこで、身の回りの物を武器化する「万事味方之事」という技法が有用になってくるのです。それこそが「どんな状況でも何とかする力」なのですから。

この日用品を使う「万事見方之事」は、当流のオリジナルではありません。古流剣術の目録にも、万物を味方にする方法が説かれているそうです。

躊躇は無用、臨機応変に立ち回り、手あたり次第

に物を投げつけ、隙を見て逃げ出せとあるそうです。

また、幕末「人斬り半次郎」と呼ばれた、中村半次郎は、敵を斬る場合、いきなり刃を交えるのではなく、周囲の物を手あたり次第投げつけ、それにより、敵が怯んだすきに斬り倒したそうです。

さらに、柔道の三船十段が、居宅に賊に侵入されたときの対応を問われ、まず、身の回りの物を賊に投げつけてひるませることが肝要である旨を答えたという話も聞いたことがあります。

これらは、命を懸けた、やり直しがきかない場面で、主に、身の回りの物を投げ、それを敵に当て、または、よけさせ、隙を作り、活路を見出すための技法だったのではないかと思います。

互いが、十分な間合いを取り、にらみ合って動かない、というような時代劇の一場面が実戦の場にどれだけ存在したのでしょうか。ただ間隙を窺い、隙がないなら隙を作って、一瞬の隙を狙って敵を倒すといった状況の方がはるかに多かったような気がします。




複雑な高級技法もへったくれもありません、物を投げ打つことは、手っ取り早い日用品の武器化です。印字打ちに始まる、当流の手裏剣は、その発展形態という見方もできると思います。

当流は、これまで述べてきた、武器として、術の技法を応用して投げ当てる手裏剣的な用法、「投物」だけでなく、「打物」や「握物」周囲の物、日用品を武器として代用する技法を「万事見方之事」としています。

現在、武器を所持し、携帯することは法律に違反します。

道歌は、武器がないなら、緊急避難的に、日用品をとっさの機転で武器化せよと説いています。「どんな状況でも何とかする」ためには、日用品を武器として使う応用力、機知に富んだ対応が重要なのです。

鉄製の手裏剣や武器は、道場での稽古用です。道場や演武以外では使用することができません。

武器術を修める者は、「いかに使えるか」と同時に「武器がない時に、どう対処するか」を考えなければなりません。誤解を恐れずに言えば、身の回りにある万物を武器化するための心技体を習得することこそが、武器術を学ぶ最終目的です。

手裏剣は、約15センチの小さな武器です。この最短、最小を前提として培われた術理、技術体系が、ここまで述べてきた手裏剣術です。そして、このサイズが基本となるからこそ、身に着けているものや、周囲にある日用品を応用して役立てることができるのです。

どこにでも転がっているボールペン、箸などが、即、手裏剣として機能します。

特定の武器、武具に愛着を持ち、究めることも大切ですが、身を守るに大切なのは着想力、応用力なのです。言い方を変えれば、手近な棒状の物を手裏剣に代用できる、その技術が、手裏剣を現代においても護身の目的で使用し得るもの、活用できるものに変える鍵なのです。

道歌は、武器を持ち歩けない現在、身近にある日用品を取って身を守ることの重要性を説いています。言い方を変えれば、手裏剣は、武具がなくとも、そこらにあるものを代用品として使う事もできる「特別な武術」であるということです。

## ◉日用品による打剣術・掌剣術（ボールペン等）

自分に合った手裏剣を見つけ、常にその手裏剣を用い、何百、何千と正確に的に刺す稽古をすることも大切だと思いますが、当流では、異なる長さの、さまざまな重量の手裏剣を使って打剣し、掌剣の稽古を行なっています。

これは、緊急時に身の回りにある棒状のものを手裏剣代わりに利用することを想定したものです。また、ドライバー、ボールペン、はさみ、フォーク、日用品を手裏剣代わりに打剣する稽古は、先代の鶴田先生も取り入れられていました。棒状で、先がとがっているものは、手裏剣と同様に打つことができ

## ボールペンを〝打剣〟

身近にあるボールペンが即、手裏剣になる。卍巴の型と打剣修練で〝単なる慣れと反復運動〟でない、正しい打剣感覚が養われていれば、手にしたものを即座に刺中する事ができる。

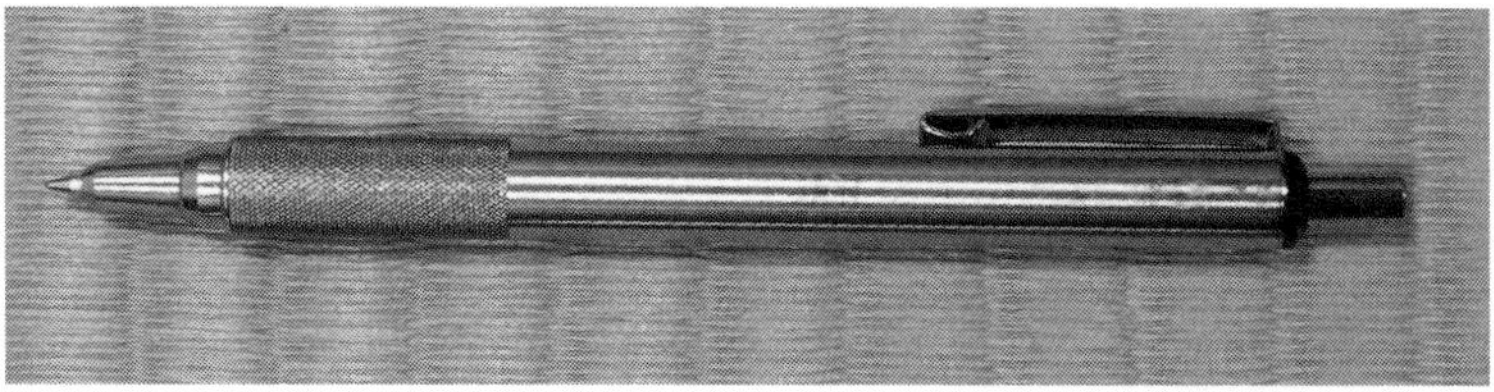

るのです。

日用品を手裏剣の代用武器として用いる場合、まず考えなければならないことは、その物の重量です。打剣術の項で述べたように、手裏剣は、鉄製で、ある程度重さがありますので、刺さらなくても当たれば、それだけで効果があります。

皆さんが、普段身に着けているもので、敵に打ち付けて効果があるものを考えてみてください。

スマートフォン、財布、腕時計、キーフォルダー、履いている靴、これらは、ある程度、重量がありますので、顔面や下腹部に、ベタッと「面」で当てても敵を崩すことはできます。

多くのビジネスマンの胸のポケットにさしてあるボールペンを代用することについて、考えてみます。ボールペンは意識すれば、誰もが常に身に着けることができますし、所持していても不自然ではありません。

しかし、ボールペンを手裏剣としたときには欠点があります。それは、軽量であるという事です。

重量のある手裏剣なら、横の部分がベタッと当たる「線」の攻撃でも敵をひるませる威力がありますが、軽量のボールペンでは、「点」の攻撃、刺す以外は、武器としての用をなさないのです。刺すために打つことで敵を崩す威力を得るのです。これが、身近なものを〝最大限に活用する〟という事です。どんなものでも刺中させられるから偉いのではなく、今、目の前にあるものを最大限に活用するために技術があるのです。

手裏剣を刺す技術があれば、軽い代用品でも、先端がある程度尖っていれば、敵を制するきっかけを作ることができます。手裏剣を刺す打剣の技術は、鉄製の手裏剣ではなく、軽量の代用品を用いるときに、最大限の効果を生むのかもしれません。

護身ということを考えるのであれば、物が当たった事で、体勢が崩れた、隙が生じた相手から、逃げることを主眼に考えればよいのだと思います。逃げられない状況であり、掌の中に手裏剣に代わるもの

## ハンガーが手裏剣になる!?

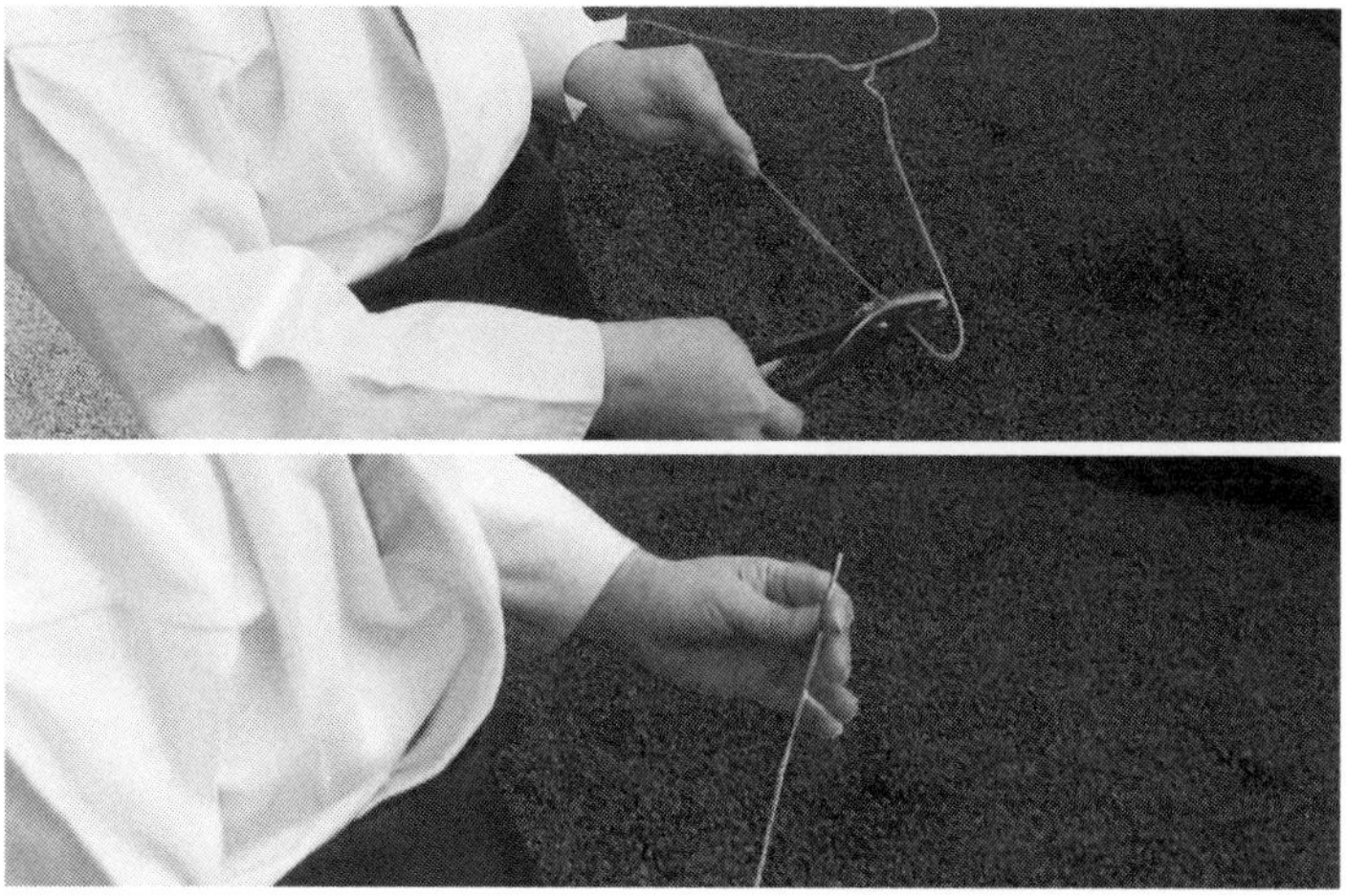

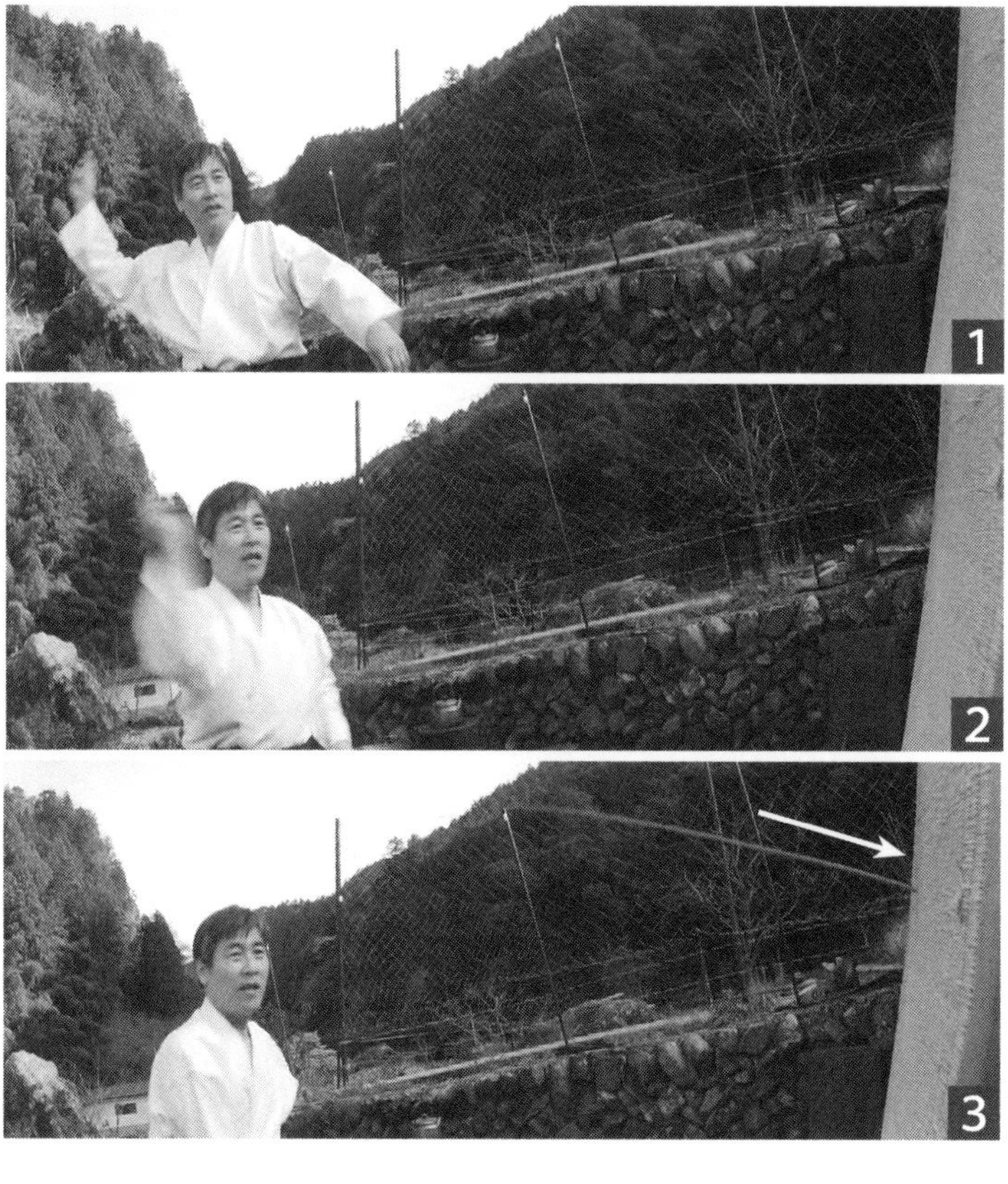


よく見かける針金ハンガーをただカットしたもの…つまり〝ただの棒状の針金〟を手裏剣化。「これも手裏剣になる」という発想自体が浮かばなそうだが、「どんな状況でも何とかする」事を意識すれば、おのずと潜在的な可能性が浮かんでくる。

があれば、掌剣の技術で対処します。

打剣で崩して十分な体制ではない敵に対しては、掌剣の技術が有効になってきます。

# 第5章

# 体術（山井流柔術拳法）

## 1 併伝武術　山井流柔術拳法

戦国末期より徳川初期頃までは、武術は後世のように、柔術・剣術・槍術というように細分化されずに一体のものでした。

真蔭流柔術の菅野久先生はその著書の『実戦古武道柔術入門』の中で、「柔術は何んらの武器を持たず、四肢五体を武器として闘う術であるところから、最も理にかなったムダのない身体運動，すなわち体のさばき、進退等を必要とするものであり、これは、他の武器を使用する場合もそのまま通じるものである。」と述べられています。

本来、柔術の動きは、諸武芸の基本となる、あるいは外の武芸と一体不二のものであり、武器術に使用することができたのです。つまり術理は同一であるという事です。

これから説明する山井流柔術拳法は、和伝流手裏剣術に併伝されている体術です。主に打剣、掌剣を含め、武器及び武器に代わるものを用いることができない時の技法です。

屈強な敵と戦った時、手裏剣を外され、または、手裏剣が致命傷とならなかった状況で、その後をカバーする技法を知らなければ、踏み込まれて、力任せに制圧される事は目に見えています。

打剣だけが上手くても、戦いは完結しません。武術としては不完全なのです。

当流は、単に打剣の正確性や距離を競うのではなく、他の武術と比肩する攻防のレベルに達するために、山井流柔術拳法を併伝しているのです。

## 2 打剣で学んだことをどう活かすか

打剣の稽古で、体を作る、左右の偏りをなくす、力の抜き方、注力の仕方など、武術としての基礎を培ってきました。これらはそのまま柔術拳法に共通するものです。打剣ができれば柔術拳法はできます。また、柔術拳法で養った体捌きは、そのまま打剣術、

掌剣術を上達させる事に繋がります、

打剣とは、自ら無刀　招くこと
得物なくても　勝つすべを知れ

刀を極限まで小さくしたのが手裏剣です。そして「打剣」…〝打つ〟という行為は、その剣を自ら捨てる行為です。

道歌は、無刀の状況を自ら招くからには、無刀になっても、身を守る技術がある事が、前提条件であること、武器術を修める者は、「いかに使えるか」と同時に「その武器がない時に、どう対処するか」を考え、対抗するすべを知らなくてはならないと教示しています。

山井流は、手裏剣と古いタイプの体術を併用することを主眼に編まれ、「卍巴の型」を打剣で崩した敵に対する体術、武器術に応用する用法を示すものです。

「打剣」の動作が武術の基礎となる心技体を育てるという鶴田先生のお考えを更に一歩進めた、手裏剣術にとってかけがえのないものだと言えます。



その技法には、華やかな蹴りや突き、派手な投げ技や、難解な関節技はありません。

シンプルだけど実践的、日本刀を差さない時代の体術のあるべき姿を示したものであるとも思います。

「魚に黒い部分と白い部分があるように人間にも黒い部分と白い部分がある。体の黒い部分(硬い部分)で、白い部分（柔らかい部分）を攻撃すること」

「相手の死角へと回り、相手の攻撃を限定する位置取りをしろ」

「卍巴の手の位置に意味がある。上で受けたら下、下でうけたら上を攻める」

「開いた手で受けるのは、押さえろ、掴めということ。固定して打て」

「体術にも座打がある。立った相手の攻撃を半減させ、無防備な足甲、脛、金的への攻撃を行なえ」・・・

これらは、前田勇先生から、鶴田先生に山井流が伝えられた時に伝えられた口伝の一部です。これから解説する技法を的確に説明するとともに、鶴田先生の理想を実現させるために、前田勇先生が親身になってご指導いただいていた様子が伝わってきます。

## 3 やはり「卍巴の型」

無手得物《むてえもの》　打剣掌剣《だけんしょうけん》　異なれど
　動きは同じ　卍巴ぞ

第2章でもご紹介した歌です。

卍巴の型は、一つひとつの動きが、打剣はもちろん、防御・攻撃・投げ・関節技・武器術などを意味します。

道歌は当流技術の根幹となる「卍巴の型」が技術のオールインワンの動きを示すものであることを説いています。

柔術拳法は、武器、手裏剣に頼るというのではなく、武器の延長戦に体術がある。無手の体術の中に手裏剣術、掌剣術の技があると考えています。

技よりも　先にあるのが　体さばき



押さば回って　引きは斜《ななめ》に

初動の、結び立ちの構えが教えている内容です。

これは、道歌が説くように、斜め前、斜め後ろの有利なポジショニングへの移動を表しています。

体捌きについては、古来より「敵の攻撃の真正面に立つべからず。常に斜めに向かえ」「我より攻めるべからず。敵の来るのを迎え撃て」と位置と動きを読むことの重要性が説かれています。

また、ブルース・リーは、「優れたフットワークは、どのようなパンチもキックも打ち負かす」と語っていますが、この道歌もポジショニングと体さばきの重要性を説いています。

敵と対峙した時、正々堂々と正面から突っ込むことはありません。正面からぶつかり合うことは、損失も大きくなります。敵が、決定打を打つことができない位置、横へ後ろへと、斜めに移動すること、体を捌き死角に回り込むことが重要です。

当流の体捌きはすべて同じです、高度で難解な動

卍巴の型の冒頭姿勢。45度に開いたつま先は、基本の移動方向が斜め45度である事を示している。山井流柔術拳法においても、この移動が基本となる。



きはありません。

基本は斜め前、斜め後ろへ回り込む動きです。コンパクトに、急所を常にさらさないようにすり足、継足による運足を行います。慌てた動きではなく、スムーズな移動です。

足捌き、体捌きにより、敵の力を十分発揮させない守勢に追い込むのです。

体捌きとは、致命傷を受けにくいように、敵が決定打を打つことができないポジションで、こちらは攻撃しやすい位置に移動することです。

当流の技法は敵の正面に静止することはありません。横へ後ろへと回ることを基本としています。前面からの攻撃には、真正面で対峙せず、体一つ、半分をずらして攻防します。

守るための位置取り、攻めるときの位置取りは敵の強固な正面ではなく、当方からは攻めやすく、敵からは防御が弱くなる側面、後方です。しかし、敵もそうはさせじと動きますので、体捌きが必要になります。

道歌は、技を繰り出す前の体捌きの重要性を説いています。

ブルース・リーが説くように、技をかける前の体捌きで勝負はほとんどついているのです。

敵の横、後ろへと回り、敵の死角をとることは、敵の攻撃を限定させ、守備力を削ぐことができ、こちらは有利に技がかけられる状況を作り出すことができます。

当流の体動は、すべて同じです、高度で難解な動きはありません。

敵に合わせ「押さば引け、引かば押せ」ではなく、「押さば回れ、引かば斜めに出る」を基本にします。

完全に斜め前。斜め後ろが取れなかった場合、中途半端な位置、体半分だけが重なるような状況でも、体勢を少し低くして、敵の攻撃を捌く動きがあります。

## 4 〝下から〟という奇手

座り技、打剣に限る　ものでなし
逃れぬ時は　下から攻めよ

柔術拳法の具体的な動作説明に移る前に、もう一つ体捌きのことで、説明しておきたい事があります。

正面で敵と対峙するなと述べましたが、正面からぶつかり合う状況から逃げられない場合もあります。

その時は下に逃れ、攻撃に転じよと道歌は説いています。

前章で座った姿勢での打剣「座打」をご紹介しましたが、これは座っている状態からの打剣法、という意味合いだけで存在するものではありません。同章でもご紹介しましたが、立ち姿勢から急にしゃがみこむ変化もあるのです。

下からの攻撃は防ぎづらいため、体術においてもこの体勢は有効になります。

私が子供のころボクシングの世界ジュニアミドル級タイトルマッチで輪島功一さんがカリメロ・ボッシュから王座を奪った試合で用いた「かえる跳び」

を私は鮮明に覚えています。その技法はこの体捌きに通じるものがあります。

目標にしゃがまれると敵は、意表を突かれ攻撃することはできなくなります。

正面から動けないときはダッキング。これにより敵の手の攻撃を無力化するとともに、足甲、脛、金的などを攻撃しやすいポジションを取ることができます。

〝相手の意表をつく〟という事は、和伝流手裏剣術、山井流柔術拳法、ともに一貫する根幹要素なのです。

## 5 卍巴の型から導かれる防御術

前述しましたが、和伝流の体捌きは、相対した敵の横へ後ろへと、斜めに出て移動し、正面に立った場合は、姿勢を低く下に逃れて攻撃に転じる等、敵の死角へ回り込む動きに特徴があります。

受け技をこの動きに併せると、ほとんどの攻撃に対応できる防御になります。



受け技は６種類あり、その体動は卍巴の型に入っています。

### ◉内受け

卍巴の構えにおいて、耳の横へ手を上げる動きを、体を開きつつ、中心に向かって払うように行ない、敵の攻撃を受けます。

### ◉外受け

耳の横へ手を上げる動きを、体を外側に移動しつつ、外に払うように行ない、敵の攻撃を受けます。

### ◉掬い受け

卍巴の構えにおいて、下段に下ろす下の掌を、体を開きつつ、中心にもっていき掬えば蹴りに対する受けとなります。

### ◉かけ受け

卍巴の構えにおいて、下段に下ろす下の掌を、体を外側に移動し開きつつ、中心にもって行き上げれば蹴りに対する受けとなります。

### ◉上げ受け

卍巴の型において耳の横に手を上げる動きをやや

# 卍巴の型が導く６種の受け

## 内受け

卍巴の型において耳の横へ手を上げる動きを、体を開きながら行なう事によって内受けとなる。

## 外受け

卍巴の型において耳の横へ手を上げる動きを、体を外側に移動しつつ行なう事によって外受けとなる。

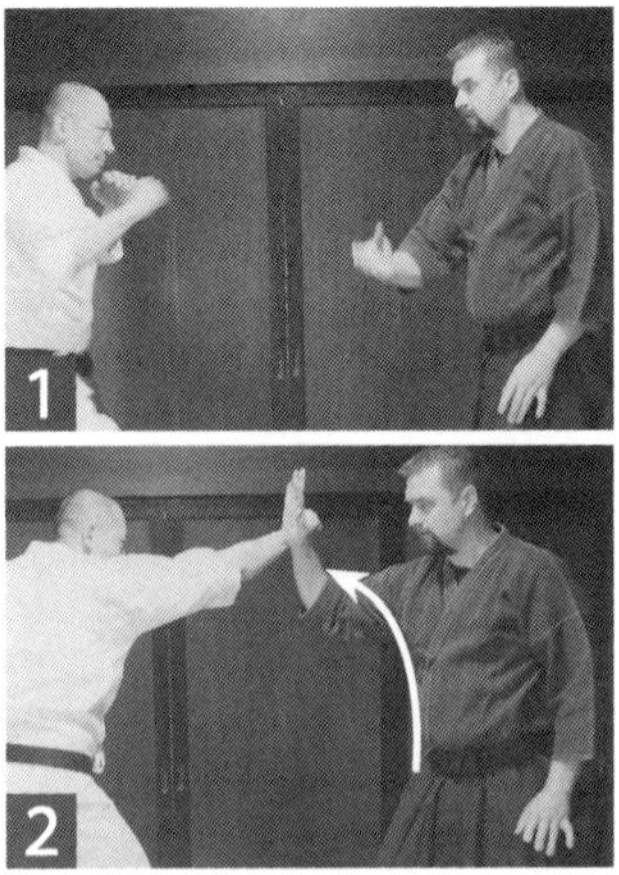


## 掬い受け

卍巴の型において下段に下ろす下の掌を、体を開きつつ中心に持っていけば掬い受けとなる。

## かけ受け

卍巴の型において下段に下ろす下の掌を、体を外側に移動しつつ中心に持って行き上げればかけ受けとなる。

## 上げ受け

卍巴の型において耳の横へ手を上げる動きをやや前方に向けて行なえば、上からの攻撃に対する上げ受けとなる。

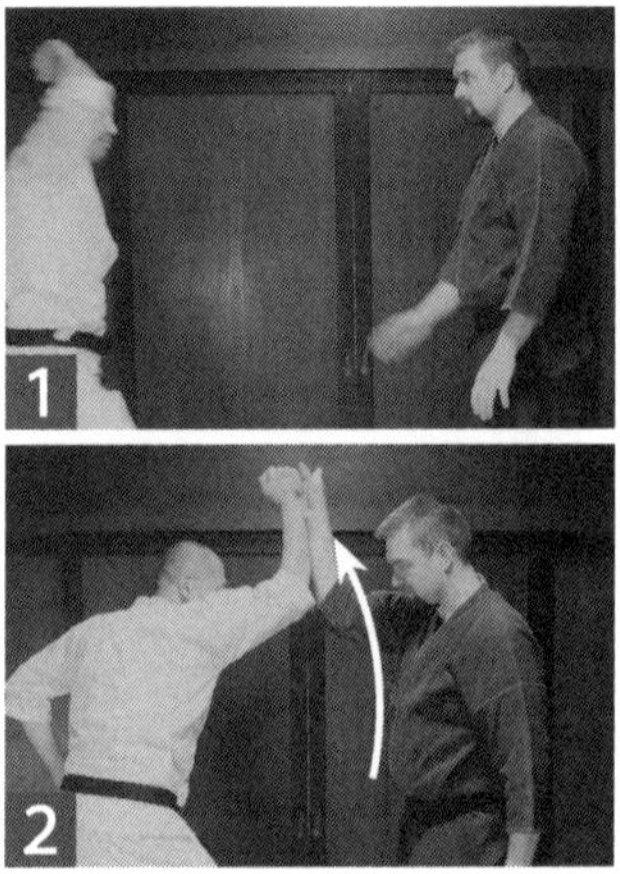


## 押さえ受け

卍巴の型において左右手の上下を入れ替える動きの、下ろす手は相手の攻撃を上から押さえる受けとなる。

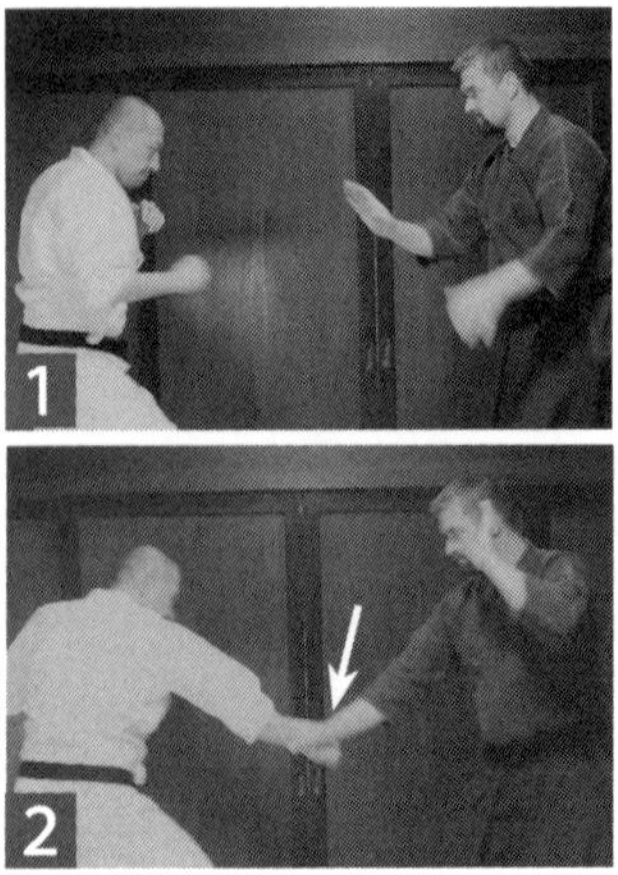

前方に向けて行なえば、上からの攻撃に対する受けとなります。

### ◉押さえ受け

卍巴の型において、左右手の上下を入れ替える動きの下ろす手は、相手の攻撃を上から押さえる受けになります。

## 6 卍巴の型から導かれる攻撃術

昔から人体の急所は、「天に三玉」（脳天、目の玉、首っ玉、金玉）といわれています。

「卍巴の構え」の手の位置を確認してください。急所を差しています。これを攻撃技としてみれば、上の手は、顔面をとらえ後ろへ押倒し、目突き、のど輪であり、下の手を金的攻撃とみれば、その急所を的確についていることになります。

また、このほか、攻撃すべき部位について、前田勇先生は「白いところ」と表現されていたそうです。「白いところ」とは、普段、太陽に当たらず、日に



焼けていない所です。

まずは、腕と脚の内側の部分ですが、東洋医学的に言えば陰の経絡が流れているところです。次に常に腕に守られている左右の体側、東洋医学的に言えば胆経が流れるところです。加えて、体の背面、東洋医学的に言えば膀胱経が流れるところです。

柔術拳法では、これらの急所を打撃攻撃以外にも、押痛、掴み技などで攻めます。

卍巴の型を分解、応用して攻撃技を考えた場合、次の8つに分類されます。

当流の攻撃は、これらの当身技と、防御により、突を押さえ、掴み、引き込み、ながす、はたく、まく、ずれこますなど、それを起点としての打撃、投げ技、締め技、極め技になります。

掌の向き、開掌か握拳かなどは、固定した考えではなく、さまざまな想定で変化します。

### ◉持手

打剣の型でいう控えの手裏剣を構える姿勢、相手をけん制する動作になります。

# 卍巴の型が導く攻撃動作

## 持手

卍巴の型において控えの手を前方に伸ばす動作は、手刀内打、外腕刀打等の当身技となる。（写真は手刀内打ち）

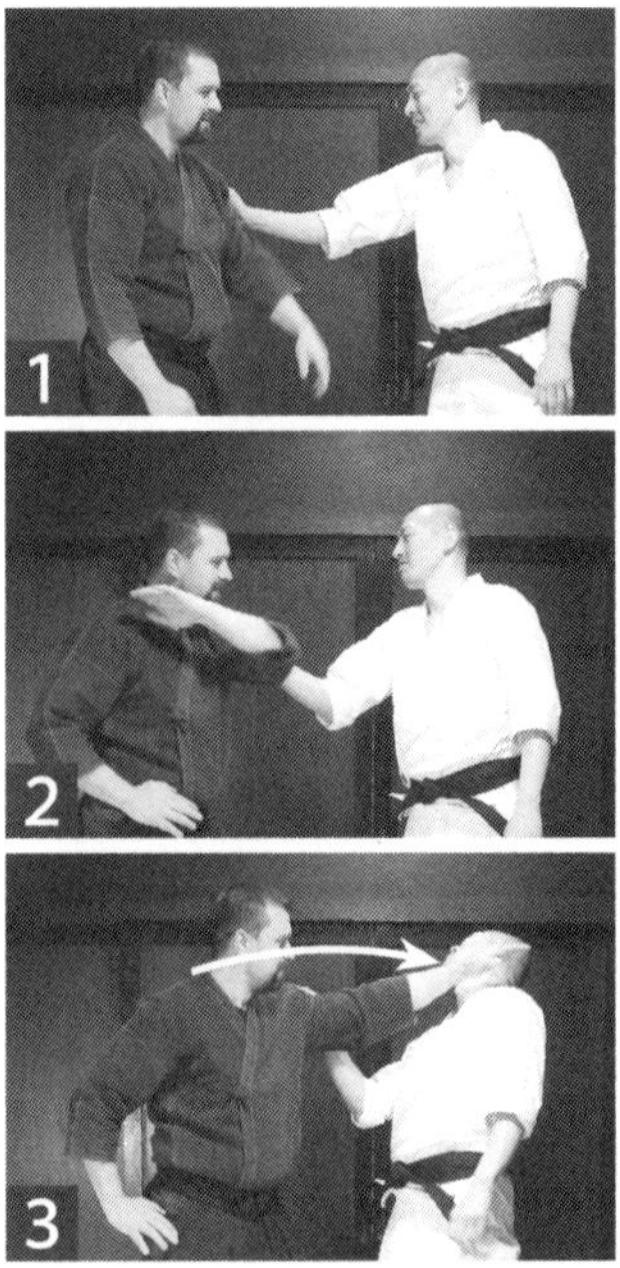

## 上の手

卍巴の型において耳の脇に持っていく手の働きは、上から下方への打ち込み、前方への突き出しに繋がる。（写真は掌打）

## 下の手

卍巴の型において下方へ下ろす手の働きは、鉄槌、背刀等を使った中・下段への攻撃に繋がる。（写真は鉄槌の下腹部当）

## 肘

卍巴の型における両手は曲げてどの方向にも動かせる状態にあり、さまざまな方向の当てが可能。（写真は落とし当て）

打撃技としては、内から外へ払う技になります。手刀内打、外腕刀打、横背手打（バラ手、霞をかける、裏拳横打）等の当身技と解釈します。

### ◉上の手

卍巴の構えの時の耳の横に構える、上の方の手です。直打を打ち込むときに使う手です。

打撃技としては、上から打ち込む、または前方へ突き出す技になります。

手刀打込、掌打、横背刀打、貫手、前背手打（バラ手、霞をかける、裏拳前打）、内腕刀打等になります。

掴み技としては喉輪・弱筋掴等を意味します。内腕刀は、首に巻きつければ締めにもなります。

### ◉下の手

卍巴の構えの時の下方の手です。直打で打つとき、バランスを取る引手になります。

打撃技としてみれば、中段から下段を攻撃する打撃になります。

鉄槌打・縦背手打・内腕刀打等になります。



掴み技としてみれば、金的、内腿への攻撃になります。

さらに、当流の攻撃は、敵を固定することを前提としていますので、伸ばしたストレートよりも鉤突きが有効な攻撃になります。

### ◉肘

「猿臂伸ばすな」とは、武術のセオリーです。

卍巴の構えの上の腕は、折り曲げて打剣に備えます、下の手も軽く肘を曲げた状態で構えます。肘を伸ばす事は、関節技をかけてくださいと敵に弱みをさらすことです。

この曲がっている肘は、打撃技としてみれば、近接時の肘攻撃です。

肘攻撃には五つの使い方がありますが、単独での攻撃で用いることは少なく、反対の手で固定して、または、投げ技等に繋げるなどの用い方になります。

・前当《まえあて》（振当《ふりあて》）
・横当《よこあて》
・後当《うしろあて》

・落当《おとしあて》
・上当《あげあて》

### ◉膝

見えにくいですが、卍巴の型には下半身の攻撃活用も秘められています。

卍巴の構えは、前足の膝を曲げています。継足での移動を前提としていますので、膝を伸ばすことはありません。すなわち、この膝を活用すべく、常に膝を使った攻撃（膝蹴）ができる状態にあります。

前、横、回す用法など、さまざまな方向に活用します。

### ◉その他の蹴り・足払い

体動を利用した足技です。「押さば回れ、引かば斜めに」の体捌きとともに、敵を崩すための蹴りです。

当流には腰より高い足技はありません。腰から下の蹴りです。

足払、スネ蹴り、金的蹴り・踏みつけ（前・後）・蹴込、波返し、内回蹴り（裏蹴）、空手の蹴りと比較すれば蹴りとは呼べないような、地味な攻撃もありますが、無理なく次の攻撃に繋げる事ができます。

### ◉頭突

両手がふさがっていれば、頭を使えということで、鶴田先生が得意とされた攻撃です。

卍巴は両手を活用する型です。その分、頭部～首は力みのない、自由に動かせる状態になければなりません。でなければ、全身の動きを制限してしまう事になります。首を自由に保つ事は、手足の自由度を保つために重要な要素です。

前・横・後・上げがあり、接近して用いるため膝蹴、肘当てと併用することもあります。

「身沈め、下から頭突」「腕の自由を奪われたときの至近距離からの顔面頭突」「接近戦で横、後への頭突」「相手を掴み体部に頭突」などの用法もあります

### ◉掴み

先にご紹介した〝受け〟の動作はすべて開手で行なっていました。開いた手は、〝掴み〟を意味して

います。この手は防御のみならず、攻撃として使う事も可能になります。

受けから掴み、敵の攻撃を限定させるとともに固定し、反対の手で、急所を掴む攻撃を行います。

敵の喉（首）、釣鐘（内股）、耳、弱筋、脇の下、などを狙い、痛みを与え、敵の動きを止め、コントロールします、次の連絡技の中にも出てきますが、掴んだ状態で投技等を行なうことはとても効果的です。

## 7 連絡技への展開

単発の技ではなく、連絡技の有効性は、すべての格闘技に共通のものだと思います。この展開力こそが実戦対応性に即繋がると言って過言ではありません。

ここまで紹介した防御・攻撃を繋いだ技、上下の手を同時に使う、上下の手を入れ替える、などによって技のバリエーションが広がります。



以下、連絡技をご紹介していきますが、重要なのはこれらの形《かたち》ではありません。「すごい技だろう」と知らしめようとする意図はありません。大事なのは広い応用展開性とそれがもたらす実戦対応力です。

各項目名には〝技の構造〟を示しました。各技をその構造でとらえると、ここに示されている形《かたち》以外の〝膨大なバリエーション〟が感じられてくると思います。

### ① 受けから即、打撃に転じる攻撃

◉内払喉打（受手で攻撃）

敵の突きを体を捌くと同時に〝上の手〟を使った内受け。受けたその手で手刀喉打。

### ② 攻撃を右手で制しつつ体側に踏み込んでかける技

◉突捕後襟落

敵の突きを左斜め前に一歩踏み出つつ右手で押さえ受ける。この瞬間、相手の体側にポジション取り

## ① 受けから即、打撃に転じる攻撃

# 内払喉打《うちばらいのどうち》

敵の中段突きを、体を捌くと同時に〝上の手〟を使った内受け。受けたその手で手刀喉打。

## ② 攻撃を右手で制しつつ体側に踏み込んでかける技

# 突捕後襟落《つきどりうしろえりおとし》

敵の中段突きを、左斜め前に一歩踏み出しつつ右手で押さえ受ける。敵の体側にポジション取りできているので、右手で敵の突き手を掴んで下に引き込みつつ、左手で後ろ襟を掴んで後方へ引き落とす。

した状態になっている。右手で敵の突手を掴んで下に引き込みつつ、左手で後ろ襟を掴み、引き落とす。

この時の姿勢は卍巴の構えを意識する。倒した後は、膝で押さえる。

### ③ 攻撃を両手で制しつつ体側に踏み込んでかける技

◉首枷《くびかせ》

敵の突きを腕を両手で捕らえる。敵の肘を折り曲げ「くの字」とし、腕を盾にするようにしつつさらに踏み込んで首の下に入れ、後ろへ倒す。

### ④ 攻撃を肩に担ぐようにして下から後方へ踏み込んでかける技

◉三玉攻《さんたまぜめ》

敵の右手中段突きを身を沈めながら踏み込んで右肩に担ぎ、目、首、金的を狙う。

### ⑤ 攻撃を片手で制し、敵と横並びになるように移動してかける技

◉突捕腕刀打首巻締《つきどりわんとうちくびまきしめ》

敵の右突きを右手で押さえ、敵と横並びになるように移動し、身を寄せつつ腕刀で首打ちし、その手を首に巻き締める。

### ⑥ 攻撃を両手で制し、側方に回り込みながらかける技

◉突捕肘折腕極投《つきどりひじおりうでぎめなげ》

敵の右手中段突きを右手で押さえ、そのまま掴み、敵と横並びになるよう移動しつつ左腕刀で肘を攻撃する。左手を敵右腕に上方から添えて肘を畳み、腕を極めたまま反転しつつ相手後方へ投げる。

### ⑦ 敵の攻撃を掴みつつ行う蹴技

◉足甲踏付二度踏膝砕《あしこうふみつけにどぶみひざくだき》

敵の右手中段突を右手で押さえ受け、そのまま手

## ③ 攻撃を両手で制しつつ体側に踏み込んでかける技

# 首枷《くびかせ》

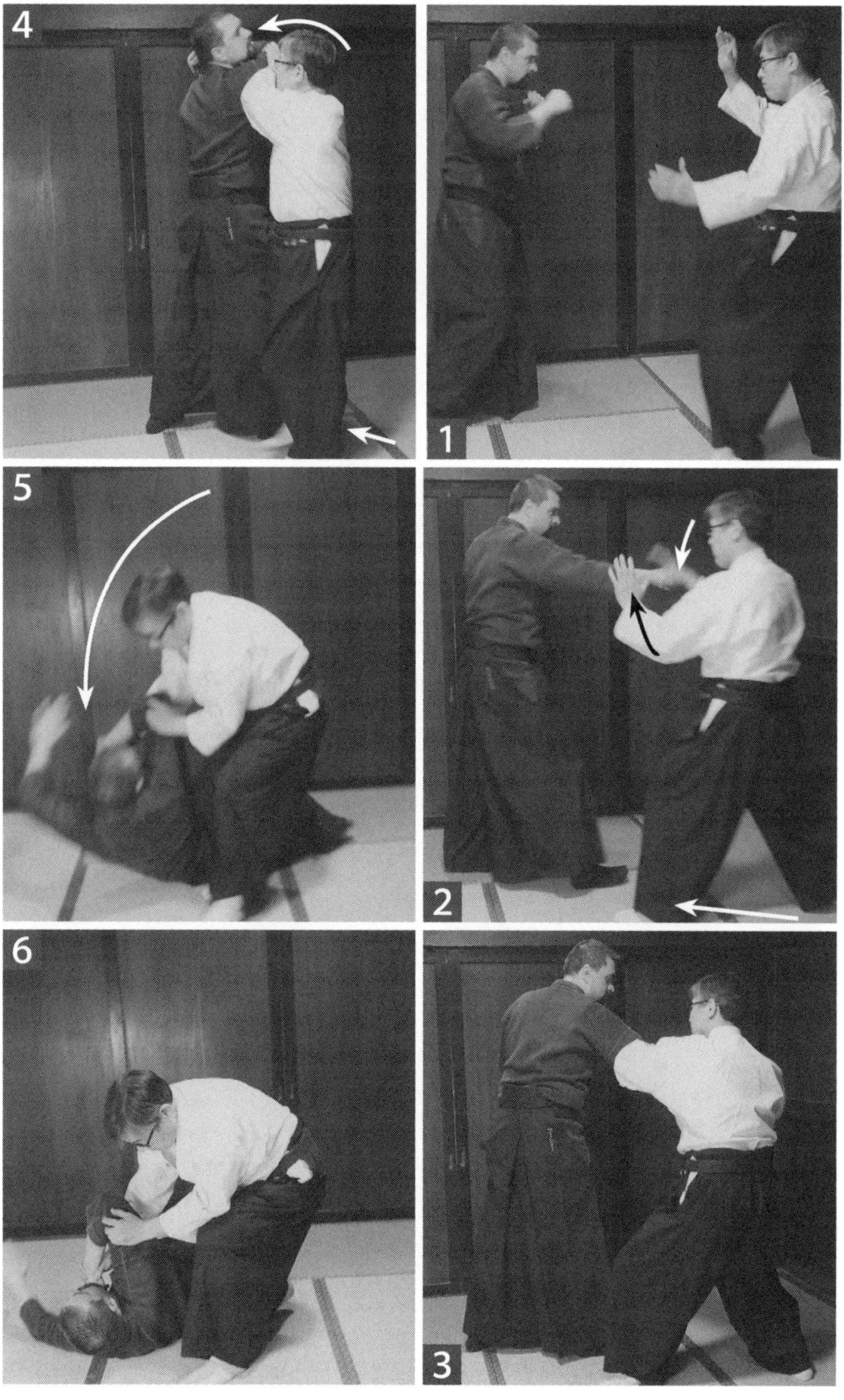


敵の中段突きを、左斜め前に一歩踏み出つつ両手で捕らえる。敵の肘を折り曲げて「くの字」とし、腕を盾にするようにしつつさらに踏み込んで首の下に入れ、後ろへ倒す。

## ④ 攻撃を肩に担ぐようにして下から後方へ踏み込んでかける技

# 三玉攻《さんたまぜめ》

敵の右手中段突きを、身を沈めつつ踏み込んで右肩に担ぎ、目、首、金的を狙う。直打、下打のシンプルな動作が致命打となる。

**目を狙う**

**首を狙う**

**金的を狙う**

## ⑤ 攻撃を片手で制し、敵と横並びになるよう移動してかける技

# 突捕腕刀打首巻締《つきどりわんとううちくびまきしめ》

敵の右手中段突きを右手で押さえ、敵と横並びになるように移動し、身を寄せつつ腕刀で首打ちし、その手を首に巻き締める。

## ⑥ 攻撃を両手で制し、側方へ回り込みながらかける技

# 突捕肘折腕極投《つきどりひじおりうでぎめなげ》

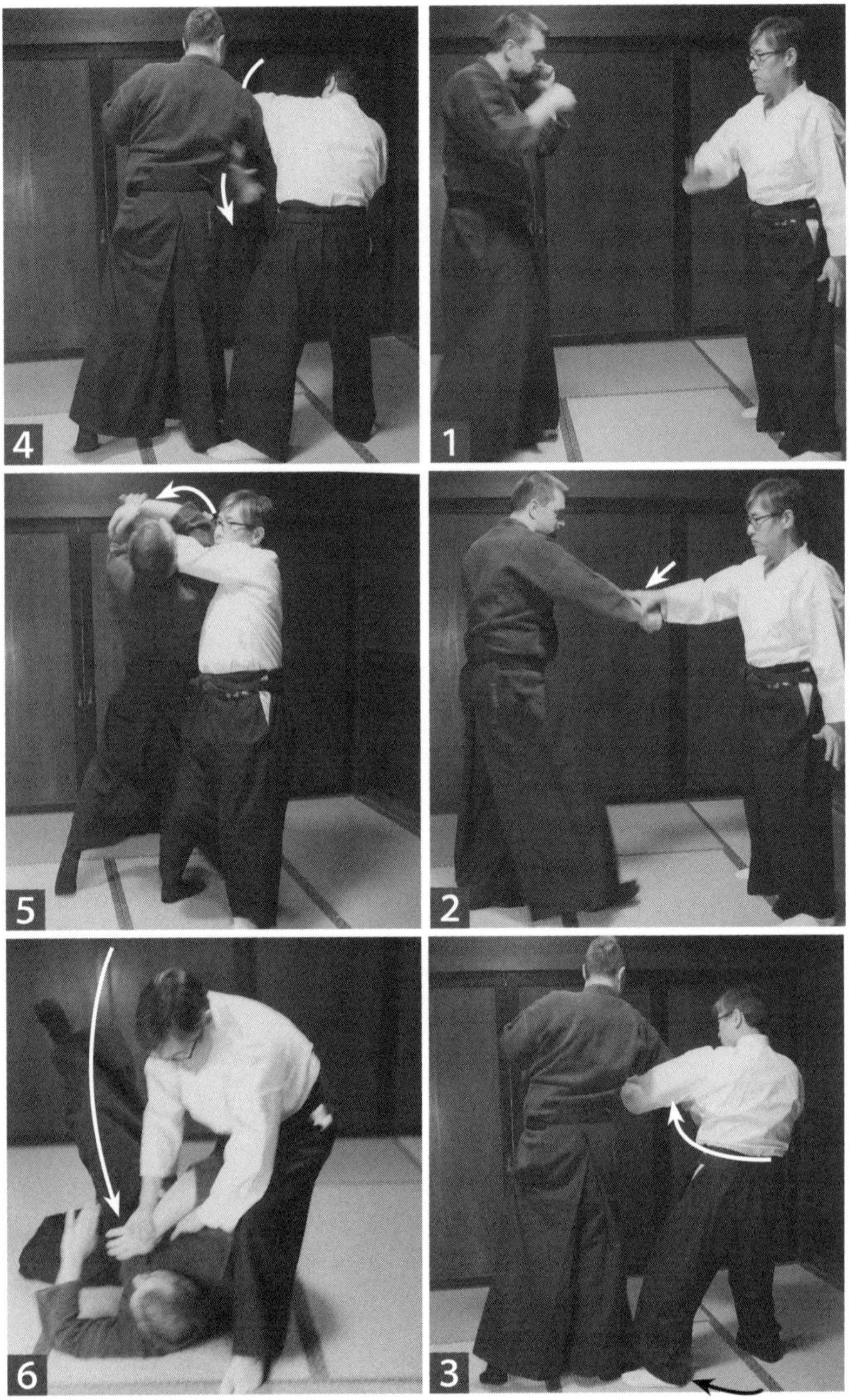


敵の右手中段突きを右手で押さえ、そのまま掴み、敵と横並びになるよう移動しつつ左腕刀で肘を攻撃する。左手を敵右腕に上方から添えて肘を畳み、腕を極めたまま反転しつつ相手後方へ投げる。

## ⑦ 敵の攻撃を掴みつつ行う蹴技

# 足甲《あしこう》踏付《ふみつけ》二度踏《にどぶみ》膝砕《ひざくだき》

敵の右手中段突を右手で押さえ、そのまま手を取れたら、取ったまま敵足を踏み付け、反対の足で動けなくなっている敵の膝を踏み付け砕く。

## ⑧ 正面や背面、側面を取られた場合、掴まれた状況を脱出するための技

# 水月《すいげつ》頭《ず》突《つき》小《こ》内攻《うちぜめ》

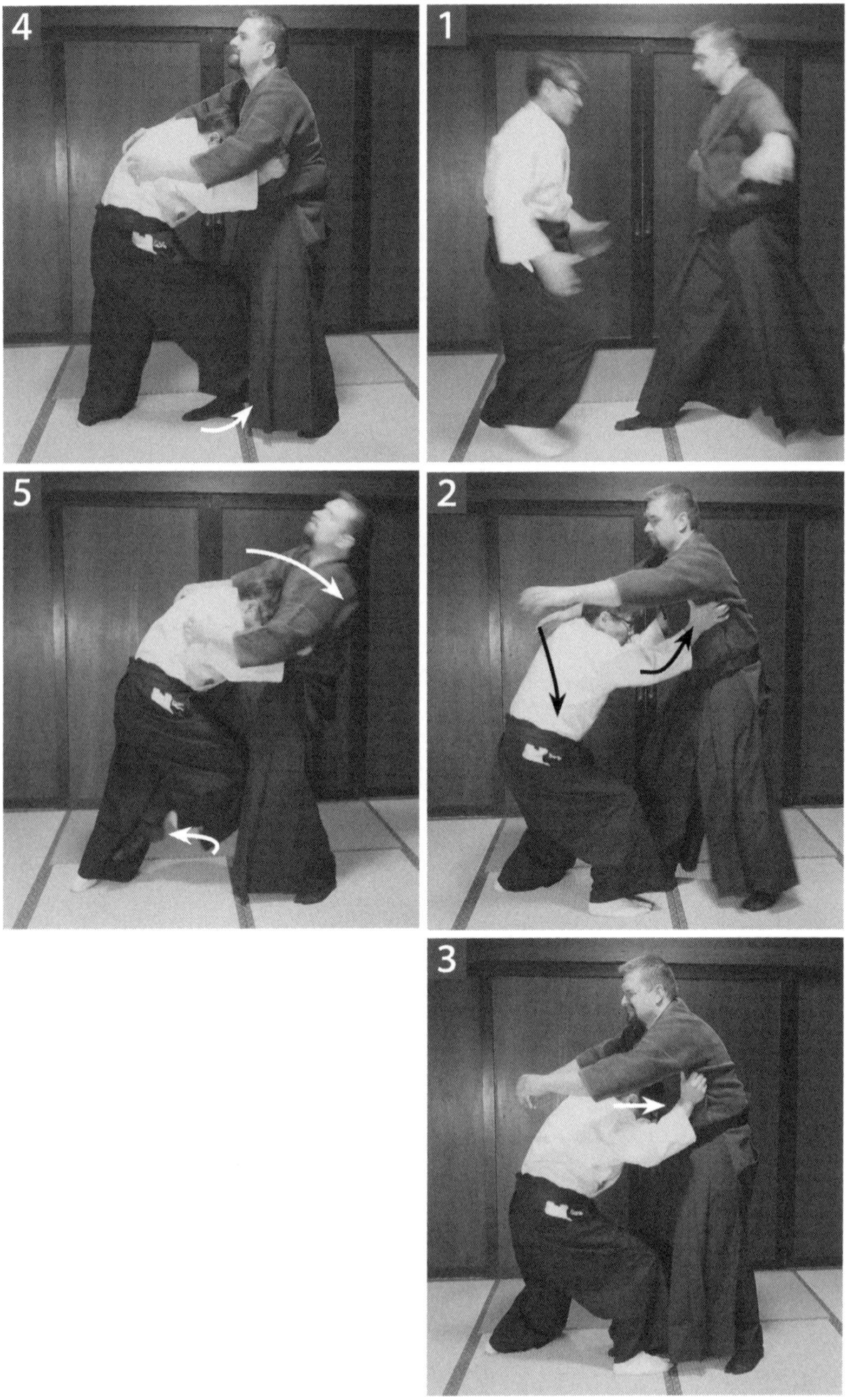


敵に正面を取られ、抱え込もうとしてきた時、体を低くして敵の脇を掴み、水月へ頭突きを放つ。ひるんだ敵の足の内側を刈って後方へ倒す。

を取れたら、取ったまま敵足を踏み付け、反対の足で動けなくなっている敵の膝を踏み付け砕く。

### ⑧ 正面や背面、側面を取られた場合、掴まれた状況を脱出するための技

◉水月《すいげつ》頭突《ずつき》小内攻《こうちぜめ》

敵に正面を取られ、抱え込もうとしてきた時、体を低くして敵の脇を掴み、水月へ頭突きを放つ。ひるんだ敵の足の内側を刈って後方へ倒す。

## 8 体術としての掌剣術技法

前章でご紹介した掌剣術は、武器術と体術の中間的な存在です。先にご紹介したのは、剣を剣として使う武器術的技法群でしたが、実は体術的用法が多数存在します。本項では柔術拳法と併用する掌剣術についてご説明します。

暴漢を取り押さえようとして、ナイフを腹に突き立てられてしまう柔道出身の警察官のニュースを何度か耳にしたことがありますが、正面からタックルに入るレスリング、襟袖を捕りに行く柔道は、隠し持つ武器により刺されるかも知れないという事を想定していないように思います。

グラウンドにおいても、寝技をかけられている相手が武器を隠し持っていれば、抑え込みの状態は、逆に危険です。敵が素手であるという思い込みは大変危険なのです。

逆に一本の手裏剣を隠し持っているという事は、大変有利になります。

手裏剣には打剣する、突き刺す、斬る、といった積極的な攻撃用法以外に、数多くの効果的な使い方が存在します。ここに、手裏剣が何よりも〝可能性〟の武器たるゆえんがあります。

### ① 受崩《うけくずし》

掌剣は、ただ防御に徹していても、結果的に敵を攻撃している技があります。

受崩は、攻撃してくる敵の拳や足を攻撃目標とした技です。

# 受崩《うけくずし》

拳から先端が少しはみ出た状態で手裏剣を握る。その手で、攻撃してくる相手の手足に〝受け〟を行なうだけで、大きなダメージを与える結果となる。



敵の攻撃に対し、手に持った手裏剣、順手の場合は、親指側からはみ出した部分で、親指突きのように、逆手の場合は、小指側、鉄槌からはみ出た部分で受けます。

この受けにしか見えない動作が、結果として相手にダメージを与えます。気付かずに繰り返せば、ただ受けているだけで、敵は、ダメージを蓄積していく事になります。受け即攻めです。

## ② 当込捕《あてこみどり》（押痛め）

組み付いてきた敵に対する解技です。

敵に組み付かれたということは、見方を変えれば、狙うべき箇所が固定されているという事です。相手の体に手裏剣の棒尻側を当てて圧迫し、痛みを与えます。この用法を「当込《あてこみ》」と言います。

力ではなく、手解技を使うことなく簡単に敵を一瞬で無力化することができる簡易な脱出方法です。そしてこの技は日常生活においても、ボールペン等で代用できます。

# 当込捕《あてこみどり》

組み付かれても、手に持った手裏剣の棒尻側を当てて圧迫するだけで、掴み続けていられないほどの激痛を与える事ができる。尖った側を刺せば殺傷する事も可能。

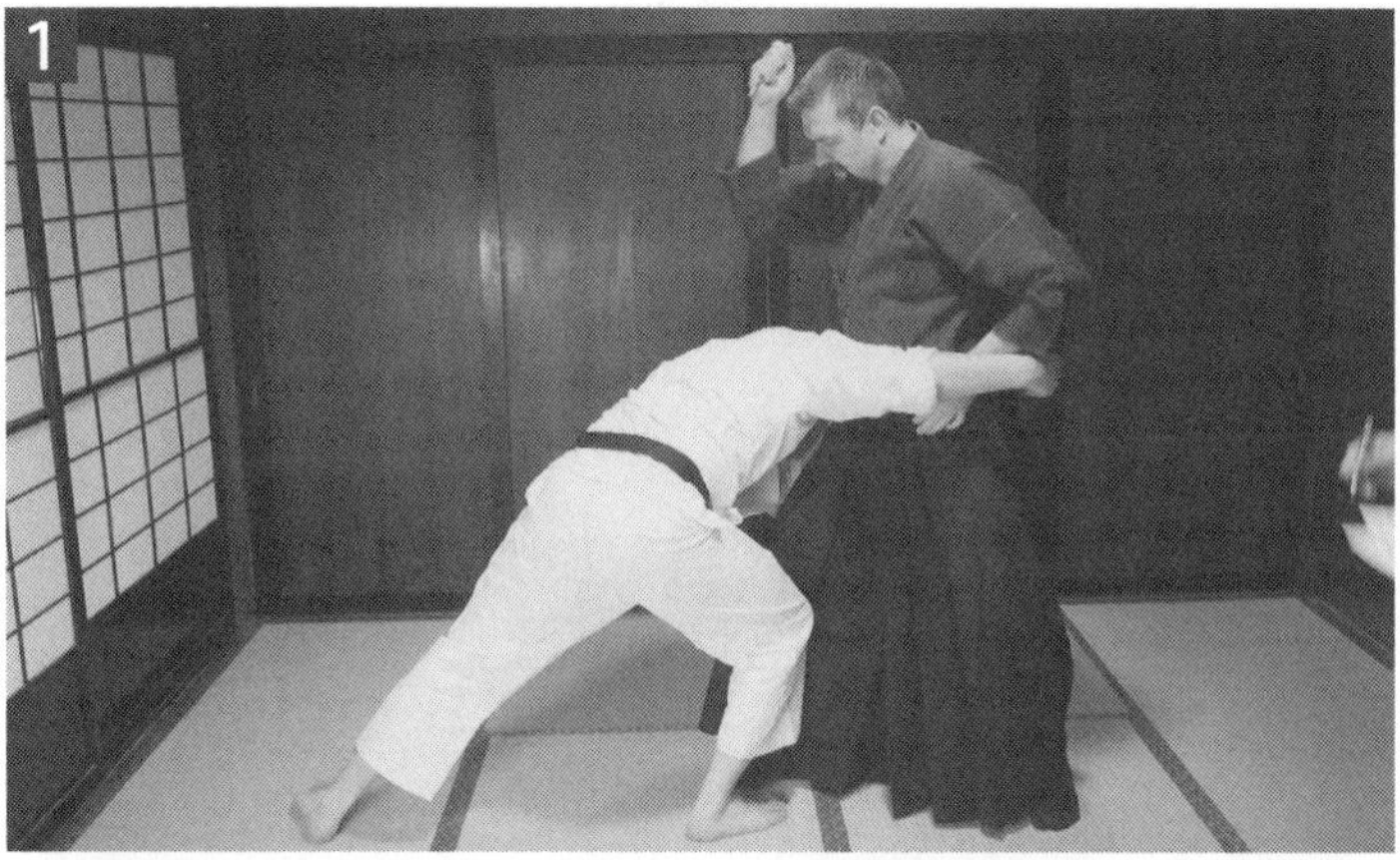

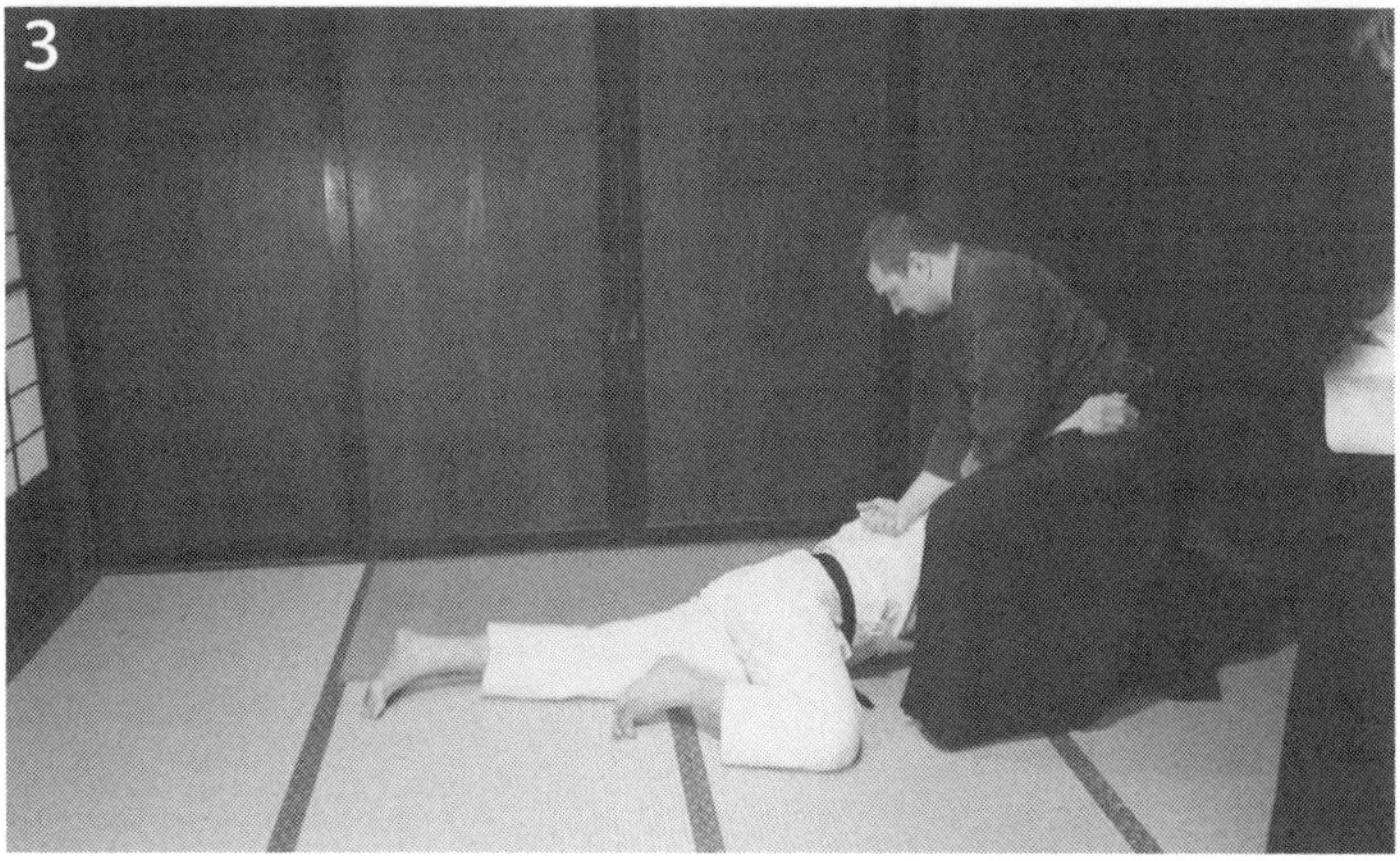

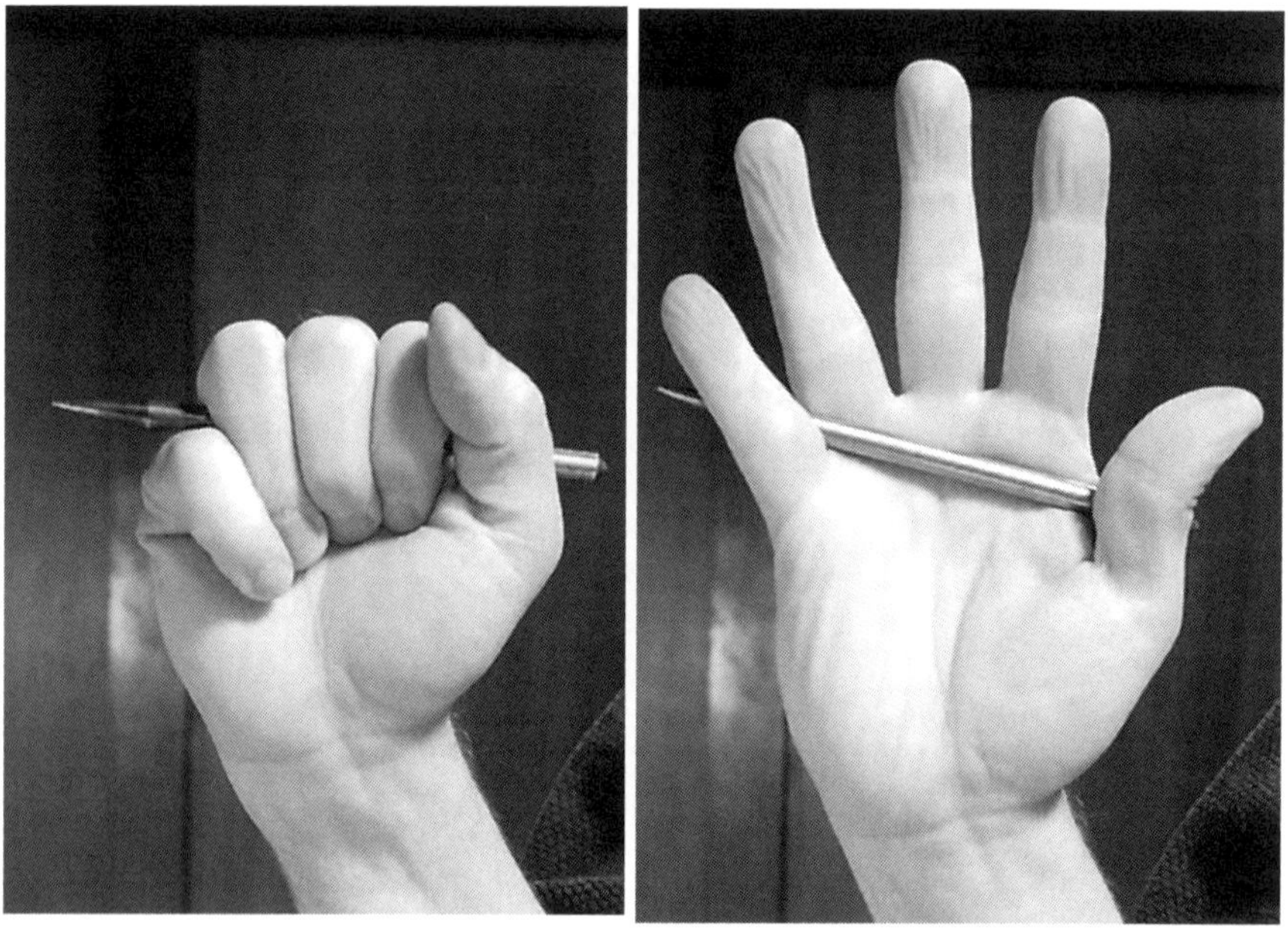

特殊持の握り方。開いた状態の掌を使えば鉄棒での打撃となり、握れば先端が飛び出た形となる。

敵が刃物を持っているような状況では、鋭利な先端を選択して「刺し技」「斬り技」を行うことも可能です。

### ③ 特殊持《とくしゅもち》

掌剣は手に握り込んで使用する武器ですので、敵を掴むことができず、組打ちはできないというデメリットがあります。

ボクシングのグローブも打撃に特化されていて同様の欠点がありますが、総合格闘技で使われるグローブは、敵を掴めるものに工夫されています。

ここでご紹介する、特殊持ちは、そのグローブのように、体術との併用を前提としたものです。

上掲写真のように親指と人差し指の間と薬指と小指の間に手裏剣を挟んで用います。

この持ち方で、防御すると、その受けが、腕や脚への鉄棒での打撃になります。

「受崩」技法の一種であり、敵にダメージを与え、次の攻撃に繋げることができます。

## 特殊持での受崩

特集持の掌を相手の突き手に当てたり、握り込んだりすれば、それだけで鉄棒の圧迫により痛みを与える事ができる。

また、特殊持のままで平手や矢筈で顔面や首などへ繰り出す攻撃は、威力のあるものとなりますし、特殊持で、手裏剣を挟んだまま手を握り、親指側、小指側からはみ出ている部分での攻撃も可能であり、これも「受崩」の一種です。

## ④　掴まれた状況を脱する技　護身の型

次に応用技法として、当流の技法を護身術として用いてみます。

様々な捕えられた状況からの離脱を想定した技法をご紹介します。これらは古流の柔術流派で言う「手解《ほどき》」になります。

「手解」は掌剣を使えば、苦もなく、力を用いる事もなく達成する事ができます。そして掌剣術の理は柔術拳法にフィードバックされる、という関係でもあります。

同じ形の手解が、掌剣術でも柔術拳法（徒手）でも可能です。これは、「掌剣があれば何とかできる」から「掌剣がなくても何とかできる」への昇華を意味しています。

柔術拳法で使う場合と掌剣を用いる場合を示しますので、比較してご覧ください。

### ◉片手捕（敵に片手首を掴まれた場合）

〈掌剣術〉

手に隠している掌剣で手首の裏側を刺すか、斬り、相手を崩したら、半歩踏み込んで、目突き。

〈柔術拳法〉

手を開き矢筈として、敵手首を持ち上げ、これを解く。卍巴の型の上の手のイメージ。ここから脇腹へ掌底打ち、さらに上の手を再度イメージし、あごへ掌底を打ち当てる。

### ◉片手引捕（敵に横から片手首を掴まれ引き込まれそうになった場合）

〈掌剣術〉

敵の手首を小指側が上になるようにして返し、隠

## 護身の型

# 片手捕（敵に片手を掴まれた場合）

### 〈柔術拳法〉

掴まれた手を開き矢筈として、そのまま真っ直ぐ上に上げると、相手の手首を持ち上げる格好になる。相手を浮かし崩したら、脇腹へ掌底打ち。

### 〈掌剣術〉

手に隠した掌剣で、掴んできた相手の手首の裏側を刺す。相手を崩したら、半歩踏み込んで、目突き。

## 護身の型

# 片手引捕（敵に横から片手首を掴まれ、引き込まれそうになった場合）

### 〈柔術拳法〉

手首を返し、手刀部で相手の手首を引っ掛けるようにして落とし、横膝に足刀を入れて崩す。

### 〈掌剣術〉

敵の手首を小指側が上になるようにして返し、手に隠している掌剣で引っ掛けるようにして関節を極めつつ、相手横膝に足刀を入れて落とし崩す。

している掌剣で引っ掛けるようにして関節を極めつつ、相手横膝に足刀を入れて落とし崩す。

〈柔術拳法〉

手首を返し、手刀部で相手の手首を引っ掛けるようにして落とし、横膝に足刀を入れて崩す。

◉片袖捕（敵に片袖を掴まれた場合）

〈掌剣術〉

掴んできた敵の腕の内側を、隠している掌剣で斬り上げ、外へ巻くようにして肘を極める。

〈柔術拳法〉

袖を掴まれた腕を相手顔前へ振り上げて牽制し、そのまま外へ巻くようにして肘を極める。

◉奥襟捕（敵に奥襟を掴まれた場合）

〈掌剣術〉

掴んできた敵の腕の外を回し上げつつ、隠していた掌剣で上腕部を刺し、そのまま肩を極めて前に崩し落とす。



〈柔術拳法〉

掴んできた敵の腕の外側から顔前に向け、クロールのように腕を回し上げて牽制し、巻き込んで肩を極めつつ前に崩し落とす。

## 9 体術・手裏剣術の融合と〝戦術〟

「手裏剣には〝戦術〟がない」などという言葉を耳にする事があります。

手裏剣について書かれた文献等を見ても手裏剣には、打剣のわずかな型と、それぞれの流派の剣の形があるのみで、実戦でどう戦ったかが明らかにされていません。

この武器術を体系的に発展させようという人がいなかったのか、あるのかもしれないが、世に出ていない状況です。これが手裏剣に戦術がないと言われている所以だと思います。

しかし、本当にそうでしょうか、少なくとも当流には、戦術があります。

## 護身の型

# 片袖捕（敵に片袖を掴まれた場合）

### 〈柔術拳法〉

袖を掴まれた腕を相手顔前へ振り上げて牽制し、そのまま外へ巻くようにして肘を極める。

### 〈掌剣術〉

掴んできた敵の腕の内側を隠している掌剣で斬り上げ、外へ巻くようにして肘を極める。

## 護身の型

# 奥襟捕（敵に奥襟を掴まれた場合））

### 〈柔術拳法〉

掴んできた敵の腕の外側から顔前に向け、クロールのように腕を回し上げて牽制し、巻き込んで肩を極めつつ前に崩し落とす。

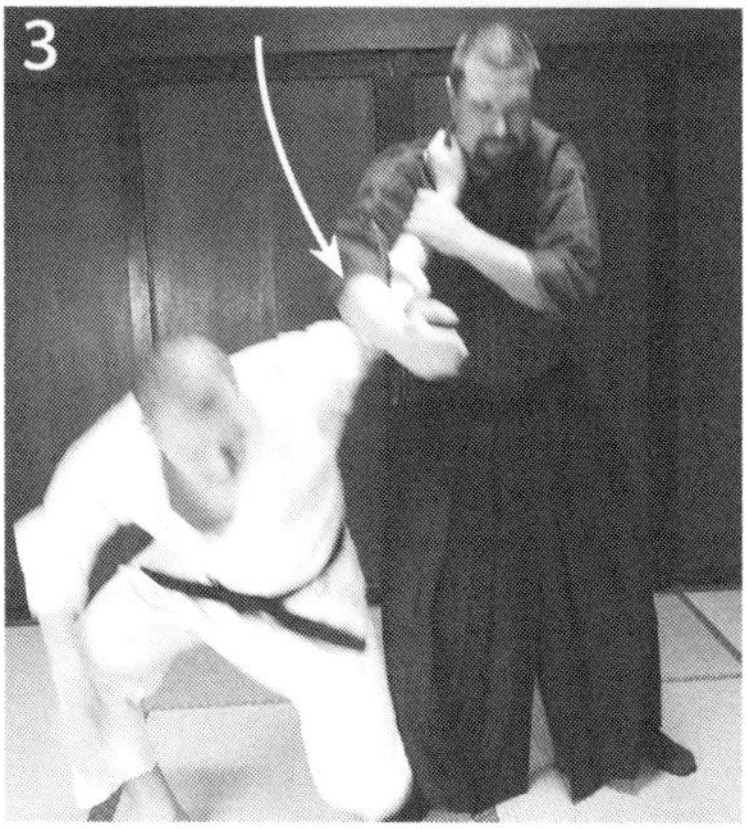


### 〈掌剣術〉

掴んできた敵の腕の外を回し上げつつ、隠している掌剣で上腕部を刺し、そのまま肩を極めて前に崩し落とす。

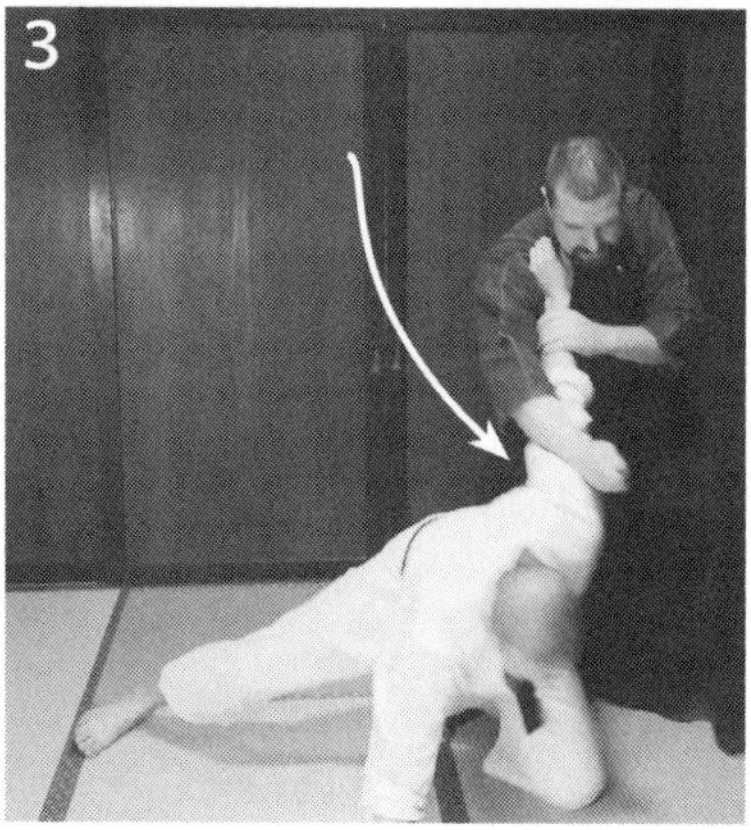

その技法や戦法を分析してみると、兵法書「孫子」が説く戦法を踏襲していることがわかります。

私は、むしろ個人の戦いにおいて、孫子の兵法を具現化できるのが手裏剣だと思っています。

## ◉孫子の兵法と手裏剣

「孫子」は、三国志の曹操が注釈をつけ、ナポレオンが愛読した古典です、現存する中国の古典兵法書「武経七書」の中で群を抜いて優れているということに異論をはさむ方はいないと思います。

「孫子」は軍を動かす大の兵法、戦争での戦い方について書かれたものですが、小の兵法、個々の戦いにおいても同様に活かすことができます。

日本でも、奇知奇略は武士の知恵と言われていますが、武田信玄、楠木正成、真田幸村……名だたる武将は、皆、孫子を学び、その兵法の体現者だったと思います。

孫子は兵法書でありながら、なるべく戦いというものを避ける、兵の損耗を最小限にとどめる、勝算がなければ戦わないことを説く、極めて守勢的な、敵に勝つことよりもまず負けないことを重視する思想です。

戦うことなく勝利すること「不戦屈敵」を至上としています。百戦百勝ではなく、戦わずして敵の兵を屈する者が最上なのです。

戦術としては、「敵を知り己を知ること」や兵力等の分析をして、その上で、どうしても戦わなければならなくなった時のための戦い方を述べています。

始計編の「兵は詭道なり」、兵勢編の「戦いは奇をもって勝つ」は、「正攻法一辺倒ではそこが知れる。敵を欺く駆け引きを心得よ。」と説きます。虚実編の「人に致して人に致されず」は主導権を取ること、「その守らざるところを攻める」は手薄なところから攻める、「兵に常勢なく、水に常形なし」は、水のように変幻自在の謀と機動性を持てと説くなど、まさに戦いにおける至言集です。

当流が理想とする戦術は、敵の攻撃が届かない距離を取り、相手の誘いに乗らず、打法、体位の変化、体の移動、フェイクなどで織り交ぜた打剣で相手を翻弄し、相手が戸惑うように仕向ける。そして、相手のバランスが崩れたら、その機に乗じて正面からではなく、相手が反撃しづらい位置取り、自分が負けない態勢、を意識して踏み込み、掌剣、体術、武器術で相手を制する、ということになります。

これができれば、孫子が言うところの戦術を体現できることになると思います。

孫子は、相手の正面からの戦いは避ける、相手の力を分散させ守勢に追い込み、我は総力で攻撃することを説いていますが、1人の人間の兵力を分散させ、守勢に追い込むには、どうすればよいのでしょうか。正面からの攻撃では、相手は、2本の手と2本の足、頭突き、肘膝を駆使して、守り、反撃してきます。

斜めに出て、横や後方に回り、腕を抑え相手が防御、反撃しづらい位置に立ち、自分は、正面を向き、2本の手と2本の足、頭突き、肘膝を駆使して攻撃を仕掛ける。相手の正面での攻防の能力がを100とすれば、それを瞬時に50や25に落とすことができる。自他の戦闘能力に隔たりがあり、正面でのぶつかり合いなら相手のほうが強くても、位置取りにより、これを逆転する。

しかし、相手も黙って斜め後方に回り込ませてはくれないのではないか。相手も動くし、そう簡単にはできないのではないかと反論されそうですが、そのために、手裏剣があるのです。

相手を崩し、側面、後方に回り込むために打剣する、これこそが、手裏剣と体術の融合です。

しかし、それでも斜め後方に出れないという状況はあるはずです。その時はどうするのか。一瞬姿勢を低くし、相手の攻撃目標から消え、相手には攻撃しづらい態勢を作り、相手の下半身を全身の力を使って崩していく。足甲や脛、金的への攻撃を起点として、下から相手を攻撃する。切羽詰まった時、正面対正面の対立を回避するための有効な方法です。

孫子の軍形編には、「故に善く戦うものは、不敗の地に立ちて、敵の敗を失わざるなり」の一文があります。孫子の中で私が最も好きな言葉です。

「不敗の地」に立つことを目指す事は、技術だけでなく、精神的な余裕や品格を身につけなければならないと思います。

当流が理想とする境地「神武不殺」の考え方に通じるものだと思います。

# 第6章

# 手裏剣術の精神「どんな状況でも何とかする」

## 1 手裏剣は〝可能性〟の武器

手裏剣は最短、最小の武器である、という前提から、本書を書き進めてきました。〝大きな殺傷力はない〟という事も述べました。

本当にそうなのでしょうか？　という所をご紹介したいと思います。

次ページ写真は、第4章の「短棒術」のところでも少し触れました、大型手裏剣の打剣です。何でもない下打ですが、剣先は畳の向こう側に突き抜けました。

もちろん、大して力を使った訳でもありません。私よりはむしろ手裏剣自体の仕事です。

このように、打つ物によっては、手裏剣は銃・クラスの破壊力を持ち得るのです。この打剣が相手の足に当たったら、間違いなく一発で歩けなくなるでしょう。これも手裏剣術の可能性です。

大事なのは〝先入観〟を取り払う事です。「手裏剣は掌サイズ」などという先入観に縛られていたら、このような打剣には思い至れません。

武器を強力にする事あるいは強力な武器を手に入れる事、筋トレなどでパワーアップをはかる事、高度な技、高度な体の動かし方ができるようになる事……などは、誰もが目が向きやすいところです。しかし、「今あるこの体を最大限に活用するには？」「今置かれているこの状況を最大限活用するには？」という所は意外に蔑ろにされているのではないでしょうか。

「限界を感じた」「壁を感じた」「未来がない」よく聞くフレーズです。でも、本当にそうなのでしょうか？　と考えてみるべきだと思います。

どんな状況でも、我々がまずすべき事は〝可能性〟を考える事です。そして、いざという時のために修練すべき事は、〝可能性〟を広げる事です。

手裏剣術は〝可能性〟の武術です。

人間として、一番大事なところが詰まっていると思っています。

## 畳を貫通！
## 大型手裏剣の威力

下打による大型手裏剣の打剣。的とした畳を貫通！

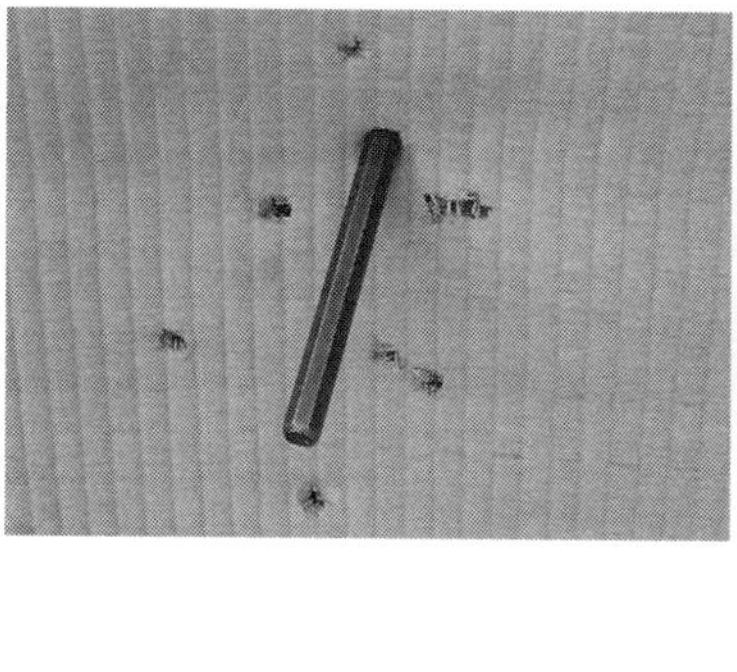

## 2 〝本番に強い〟自分を作る

「稽古場横綱」「ブルペンエース」と言う言葉があります。練習では、素晴らしい力を発揮するのに、いざ、本番となると、あがり、萎縮、緊張して、実力を発揮できない者を指す言葉です。

一方で、「実戦向き」と形容される選手、競技者もいます。練習では全く目立たないけれども、いざ本番となると、度胸満点で、見事な駆け引きをし、素晴らしい成績をおさめる者たちです。

言い方を変えれば、「本番に弱いタイプ」と「本番に強いタイプ」です。

本番に強いタイプとは、緊張することがあっても、いつもどおり、あるいはそれに近い動じない状態でいれる人、本番に弱いタイプは、緊張にのみこまれ、頭の中が真っ白になり、状況に対処できない人を指す言葉として使われていると思います。

武士の時代に、「稽古場剣豪」という言葉があったかどうか定かではありませんが、命のやり取りが頻繁にあった時代には、戦いの場で、あがったり、敵にのまれたりすることは、死を意味したはずです。対戦においては、プレッシャーがかかるほど集中できる、本番に強いことが求められました。本番で、実力をいかんなく発揮し、潜在能力を引き出せた者が、剣豪として名を残しているのだと思います。

それでは、本番で本来の力、潜在能力を発揮するために必要なものは何でしょうか。

脳の働きと結びつくのかもしれませんが、鍛え上げた「技」「体」をいかんなく発揮できる「心」の能力、コントロールと閃きだと思います。

あがらず、いつもどおり、状況や物事の成り行きに応じて、その場にあった適切な判断ができること、即座に最善の行動がとれるということです。「平常心」と「機転が利くこと」を併せた能力だと説明すれば、おわかりいただけるでしょうか。

緊張して、あがった状態になった後、人はどうにかしようともがき、興奮して、「頭が真っ白になり」、最後は、どうにでもなれと遮二無二突き進むしかない状況におちいります。

緊張して、あがった状態になった場合、興奮状態に陥ることだけは避けなければいけません。

では、どうすればよいのか。

私は、追い込まれ、緊張したときに、求められるのは、「興奮」するのではなく、「高揚」することだと思います。「興奮」と「高揚」は、似ているようで、まったく別物です。

「興奮」とは、行き過ぎた精神の昂りと言える状態のことで、体に負担の掛かる極度の高ぶりを表現するものです。

「高揚」は、精神や気分が高まること、または、高めることで、精神に良い影響を与えるものだと解されます。

「高揚しろ」と言われても、なかなか実感がわかないかもしれません。

私は手裏剣を指導する中で、こう説明しています。

初めて手裏剣を稽古した時、的の前で、「ワクワク」しませんでしたか。

緊張もしたと思いますが、それ以上に「刺さったらいいな」「刺さるという感覚はどんなものだろう」と、胸を弾ませ、第一打を打った時のことを思い起こしてください。

間違いなく、貴方の気分は高まり、高揚していたはずです。

緊張そのものは、決してマイナス要素ではありません。『緊張は、自分の能力を底上げしてくれる起爆剤』と捉えればよいのです。

自らの気持ちを高揚させ、緊張を力に変えることこそ私たちが求めるものです。

「平常心」と「機転が利くこと」を併せた能力が、「技」「体」を支えると前述しましたが、これを成立させるために、冷静に自分を失わず、周りが見えている状態、「興奮」ではなく、精神を高めた、「高揚」状態が、必要なのです。手裏剣術はこれを追究しています。

打剣術では、心の乱れが、打剣に如実に表れる、手裏剣は、稽古の早い段階から「心」の訓練が盛り込まれていると前述しました。

手裏剣術の稽古で、コントロールするのは、剣の行き先だけではありません。従えるべきは、己の心です。手裏剣は興奮していては、コントロールできませんし、有効な攻撃もできません。

刺さるか、刺さらないか、常に緊張感をもって打剣の稽古は進められますが、緊張で体を固くするのではなく、緊張感を力に変えること、自らを高揚させて、集中力や敵の裏をかく、有効な攻撃パターンを閃かせることを訓練していきます。

これほど、初期の段階から「心技体」の一体化が求められる武術はなく、それを意識して、稽古で身に着けることができるのが、手裏剣術の特徴です。いわば〝本番に強い自分〟を作っていく訳です。

当流の免許皆伝の条件の一つに「連続百発百中の打剣」があります。



宗家や高弟が見守る中、百本、連続して打剣し、一本も外すことなく的に刺中させることが、成功の条件です。

上手の手から水が漏れるという言葉があるように、百打の間、常に正確に打剣することは、至難の業です。指先が滑るというようなアクシデントは、起こり得ます。それ故に、長い時間、気を張り詰めなければなりません。

成功のためには究極の集中力が必要です。ある意味、この試練は、意図的に極度の緊張状況を作り出し、自らを高揚させ、人間の能力を超えた、力を体得させることが、目的なのかもしれません。

## 3 発想力・機転力……

鶴田先生や流派の先輩方と行動を共にして、感じるのは、周囲の人とは一味違った考え方をするということです。ご高齢であるのにもかかわらず、他の人か気付かない点に気付いたり、面白いアイデアを語られたりします。

手裏剣の稽古との因果関係は、説明できませんが、奇襲から生まれた、手裏剣術の稽古と無関係だとも言えないと思います。

私は、手裏剣術で培った能力で、仕事や日常生活に役立つものは、緊張を力に変えること、敵の裏をかく機転を咄嗟に思いつくインサイドワーク、思考回路だと思います。これらは、追い詰められて、逃げ場がないときだけでなく、緊張を強いられる場面で応用できる能力だと思います。

武術の本旨とは、あたえられた条件で、どんな時でも、何とかする事です。

身に着けた「武技」ではなく、修めた心身をもって、社会のあらゆる場面でその窮地を切り抜ける力を身に着ける、それが目指す姿であると説いてきました。

私の兄弟子にあたる大杉漣さんが俳優で成功した一因は、武術で培った能力を活かし、周囲に目を配り、先を読めていたからだという、鶴田先生のお話しも紹介しました。

私の道場に通う落語家の立川こはるさんが、この本の出版にあたって、寄稿いただいた原稿（巻末参照）の中で、落語と手裏剣術がともに目指す能力として「手を読まれない」事を挙げています。

こちらのペースで話を進める、聞き手が想像もしないところでギャグを入れる、とっさに機転を利かせる、など、観客の裏をかく話術は確かに、手裏剣術に共通するものがあると思います。

表演者にとって舞台の上は、客との真剣勝負、戦場です。視点を変えれば、多くの観衆の前で舞台に立つという事は、逃げ場のない、どんな時でも何とかする状況に外なりませんし、その対応結果の善し悪しが、観衆の反応という形で如実に現れます。

## 4　よくやってくる“いざという時”の話

日常、一般の人が、追い込まれ、極度の緊張状態になるシチュエーションとして、可能性が高いものは、大勢の前でのスピーチやパフォーマンスをしなければならない状況ではないでしょうか。「それ私、得意！」という方はごくごく少数派でしょう。

依頼された以上、引き受けたからには、自分が、この場をどうにかしなくてはならないという気持ちも手伝って、程度に差はあるものの、どんな人間も「あがる」状況に陥ります。

人の目を気にして、言動がぎこちなくなってしまう、平静な心を保てなくなる、という意味では、追い込まれた状態と言えると思います。

セレモニーやパーティの多い欧米では、「一番恐ろしいのはパブリックスピーチ」と言われているほど、人々はスピーチに恐れを抱いていると言われています。

私は、芸能人や表演者ではありません。そして目立ちたがり屋でもありません。しかしながら、これまで、舞台に上げられ、この場を何とかしなければならない状況に追い込まれた事は、多々あります。

「なんで自分なのよ」「聞いてないよ」と何度心の中でつぶやいたのかわかりません。できれば避けたい役割を引き付ける能力は、かなり強いとを自覚しています。

若い頃に出席した結婚式でも、よく友人代表の挨拶を頼まれました。

「なぜ俺なの？」と聞いてみる事もしばしばでしたが、「話の間がいいし、ハプニングがあっても機転が利くしね」という答が返ってきました。

「間抜け」「間に合う」などは、「間」から発生した言葉ですが、時間的な距離である「間」がいいのは、攻撃の適切なタイミングを計るために「間を取る」こと、自分と敵との空間的な距離である「間合い」や主導権を取る戦術が稽古する事により磨かれているのかもしれません。

また、「機転が利く」と言われる事については、「手裏剣」自体が機転が生んだ武器ですから、間違いなく身に着けた武術が関係していると思います。

短い手裏剣を主武器とする以上、機転が利かねば、長大な武器を持つ敵に対抗できません。いかに敵の裏をかき、手裏剣をどのように有効に使うかを常に考えている……それによって頭の中が、機転がきくように鍛えられているのだと思います。

ここで、私が、避けれられず、舞台に上げられた時のスピーチやパフォーマンスについて、当り障りのないところで、いくつか紹介してみます。思い起こしてみると、私のスピーチや出し物は、かなり型破りだったと思います。聞く方が想定した通りではなく、常に捻りを加えていました。

いわば、聞き手の裏をかき、心に刺さるように、手裏剣ではなく「言葉」を打っているのだと思います。

## ① 国際的な医学会を外国語で盛り上げて

フィッシャー師範は、私を入門希望の外国人に紹介するとき、「宗家は、トワイリンガル、英語、中国語も大丈夫だから」と紹介します。

確かに私は、外国の弟子とは、英語で会話しています。東京都のおもてなし語学ボランティアにも登録していますから、日常会話レベルの能力はあるのかもしれません。また、以前中国に数か月滞在していましたし、中国武術に興味を持っていたという不純な動機があるにしろ大学の中国語研究会にも属していましたので、中国系の方を道案内したり、中国語圏へ家族旅行するときも不自由は感じません。

しかし、正直なところ、両言語とも日常会話が問題ないレベルでしかありません。学識がある方に格式ある場所で、説明をするレベルにないことだけは、まちがいありません。

先代の、鶴田先生も私の語学力を誤解しているところがおありで、知人の東邦大の原英彦医学博士のご依頼を受けてしまったことがあります。

「香港の時は、カンフーだったので、今回は日本の古い武術を見せたい」という原博士の希望は、格調高い循環器系の国際的な医学会で、各国を代表する医学博士数百人のまえで武術を演武し、英語で解説してほしい。日本的な雰囲気を醸し出し、盛り上げてほしい。という、とんでもない依頼でした。

鶴田先生のお顔をつぶすわけにもいかず、本番前に、武術にも造詣が深い原博士が稽古に参加するという条件でお引き受けしました。

この時は、真剣試斬を行ったのですが、私の英語がわからないという苦情もなく、会場は、日本武術へのリスペクトと笑いを交えた和やかな状況を作り出すことができました。

ここでの機転、誰もが想像しない演出は、主催者の原博士が、事前の稽古でかなりの武術の実力をお持ちであることを確認していましたので、舞台に上げ、本人に試斬りをさせ幕を閉じるというものでした。

「私たちの演武は以上ですが、この会場に、もう一人、サムライがいます」

一呼吸置いた後、話を続けました。

「この学会の主催者、原博士です。皆さん、メスを日本刀に変えた、彼の試斬を見たくはないですか。主催者自身の手でこの学会の未来を切り開いていただこうではないですか。原先生、打ち合わせになないことで申し訳ありません、よろしくお願いします。会場の皆さん、盛大な拍手をお願いします。……」

英語で、よく咄嗟にあんな演出ができたものだと、我ながら感心しています。いまだに、思い出すと冷や汗が流れます。

盛り上がっていた会場の雰囲気を読み、その場で、「間」を取り、更に有効で、適切な次の一手を探すというのは、周囲がよく見えていたのだと思います。また、咄嗟の機転は、間違いなく、手裏剣で培われた感覚が活きていたのだと思います。



## ② 舞台の主演俳優さんを差し置いて

私の娘が通っていた保育園は公立でしたが、なぜかその小さなクラスに凄い方たちのお子さんたちが集まっていました。

キャビンアテンダントが2名、女医さん、プロのカメラマン、そして、夫婦で共に前進座の主役を務める早瀬栄之丞さんご夫妻などなど……子どもたちの憧れの職業のオンパレードみたいな方たちでした。

そして、そのような方たちの中で、なぜか、卒園式の父母代表の挨拶が私に回ってきました。どうも、一番適任のプロの表演者である早瀬さんご夫妻の陰謀だったと思うのですが、逃げられない状況を作られていました。さすがに演出も手掛ける御夫妻です。

これまでの父母代表の挨拶は、保育園への感謝や出席する父母へのお祝いの言葉を作成してきた原稿を朗読して伝えるという方法がオーソドックスでした。私も、内ポケットには巻紙は持っていましたし、直前まで読むつもりでいました。

紹介され、舞台に上がり、卒園する子供たちの顔を見て気が変わりました。よそ行きの大人の話でなく、一人の父親として話すことにしたのです。

原稿を内ポケットにしまったまま、一人ひとりの子どもたちの顔を見ながら語り掛けました。



保育園でたくさんのことを経験したと思うけど、大人になっても、これから言う、三つのことを忘れるなというメッセージを伝えました。

「運動会で自分の事のように応援してくれた友達の声」「熱を出したとき迎えに来てくれた保健室で見たお父さんお母さんの顔」「怒った後で抱きしめてくれた先生のぬくもり」…、想像とは違う挨拶だったようで、子どもたちは真剣に聞いてくれました。型破りでしたが、私なりに、友情・父母の恩、師への感謝の大切さを、かしこまらずに、子どもたちに伝えられたと思います。

この時の事がきっかけかどうかわかりませんが、会場にいた卒園生のうち数名が、当流と関わりを持っています。そして、その中でも、早瀬ご夫妻のご長男は、現在、役者を目指す傍ら、私のところに熱心に稽古に通ってきています。

「あなたの得意技は『膝車』でも『肩車』でもなく、『口車』でしょう」という、褒めているのか、悪口だかよくわからないを言葉をかけられた事があります。

武術においては、「言葉」も有効な武器です。体勢を崩すことも、隙を作ることも可能です。言葉一つで、人間は、動揺したり、相手に操られたりするのです。

前述のとおり、私のスピーチにおける「間」の取り方や、機転は、武術の稽古により培われたものだと思います。加えて、私が道場を開いたときに、これまで関わった人たちが「習ってみたい」という気持ちを起こしたり、その親御さんが信頼して危険な武器の修行に送り出したというのも、何年も前に放った言葉の手裏剣の時間差攻撃なのかもしれません。

「言葉は霊的な力を持っている」とは、鶴田先生から伺ったお話です。

### ③ 父の葬式で

父の葬式でもスピーチをしなければならない状況に追い込まれました。



親族代表の挨拶をするはずだった叔父から、直前に「やっぱり、お前がやれ」という無茶ブリで、マイクの前に立たされてしまったのです。

通常の儀礼的な挨拶に止めるつもりでしたが、父の遺影と参列者の皆さんの顔を見ているうちに気が変わりました。最後に、息子として、父との思い出を聞いてほしいと思ったのです。

この時語ったのは、子どもの頃の「父の日」のエピソードです。

「愛煙家だった父親に煙草の害を軽減するパイプを贈ったのに、贈られた父はただ「ありがとう」と言っただけで、喜びもしなかった。そして、このパイプを使いませんでした。

父は、それを贈ったその日から、タバコを止め、生涯、口にすることはありませんでした。こんな武骨な男でしたから、生前皆さんにも、ご不快な思いをさせたかもしれません。

しかし、本日こんなにも多くの方にお集りいただき、惜別のお気持ちをいただいた。幸せな人生だったと思います。……」

型破りな挨拶だったと思いますが、私らしく父を送れたと思っています。

いくつもある思い出の中から、なぜ、咄嗟に、この話を選んだのかわかりませんが、後から思い起こしても、あの場の状況や雰囲気からして、最適な内容だったと思っています。

手裏剣術は、咄嗟に状況を読み、機転を利かし攻撃を組み立てることが求められます。この時も、手裏剣で培った、脳からの指令が、体捌きや、手足の動きではなく、言語中枢を動かしたのだと思っています。

## ④ 歌丸師匠から座布団一枚！

私の道場の関係者には何人かの落語家がいます。その中でも春風亭小柳師匠は、大学の後輩で、真打昇進パーティにもご招待いただきました。

昇進の報告を聞いたとき、嬉しくて、「なんでも協力する」と言ってしまったのがいけませんでした。



このパーティでも、私は舞台に上げられる事になりました。

小夢師匠、夢丸師匠と合同の会で、都内浅草の大きなホテル、とても大きな会場でした。こんな格式あるパーティで、小泉進次郎代議士の隣のテーブルに座らされ、「お祝いの出物」をやれというリクエストです。

ほかの昇進者は、プロの和太鼓奏者や、物まね芸人を依頼しているのに、なぜ、小柳師匠は私に頼んだのかわかりません。一生に一度、落語家人生で最も華やかな席、失敗は許されない…また、私は、追い込まれました。

格闘技好きで巨体を誇る小柳師匠に合った出し物をと考え、「陰気」「病気」「弱気」「浮気」と書いた木（気）の板を割っていただく「試割」を行う事にしました。

ここでも、本来なら、余興として招かれた、武術家が割り、前途を祝すのがセオリーだと思います。でも、〝自らの未来は自らが切り開け〟という事で、本人に割らせるという、捻りを入れました。

舞台の上から見下ろすと、テレビでもおなじみの顔ばかり、あがるなというのが無理な話です。

「板に仕掛けがしてある」とか、「斜めに割ってみろ」とか、おめでたいお酒が入っている有名な師匠たちは、野次や、横やり、茶化しで、出し物の進行を妨害します。

ほかの昇進者たちが依頼したのはプロでしたが、私は表演者ではありません、「聞いてないよ」の世界でした。

そして大詰め、盛り上げてお開きにしなければならないところです。ここでも、師匠方の出方を想定し、締めを変えなければ、と考えていると、台詞が降りてきました。

「最後の板は、奥様と割っていただきたい」という私の言葉に「何でよ」とすかさず師匠方のツッコミ。

「わかりませんか、おかみさんになる奥様と、二人いたわりあって（板割あって）精進していただきたいからです」

というと、当時の落語芸術協会の桂歌丸会長から「うまい！座布団一枚」という声がかかりました。

歌丸師匠からいただだた、この架空の座布団は、わたしの生涯の誇りです。

場の雰囲気にのまれず、プロの、しかも超一流の落語の師匠方に手を読まれなかったのは、間違いなく、手裏剣術の緊張を力に変える能力と、敵に極技を読まれないよう、常に裏をかき、攻撃を組み立てている稽古の賜物だったと思います。



## 5 巨大な試練

ある日、この本の出版社であるBABジャパンに、八光流柔術の重鎮、松本徂山先生から、「木﨑に本を書かせろ」という電話があったそうです。決して、私からお願いしたわけではありません。自発的に出版社に電話して、推薦する旨を語られたそうです。

八光流柔術はすごい武術です。私も皆伝を受け、三大基中を許されましたが、まだまだ、修行の途上です。

「老いてなお衰えざる、これを名人という」という言葉がありますが、松本先生をはじめ、ご指導いただいている八光流の先生方は、掛値なしで、本当に強い。軍隊の特殊部隊経験者やボディガードをやっている屈強な外国人を指導している私が、今でも、手も足も出ません。高齢になっても、日々進化されている先生方は、私の生涯の目標とするところです。

そんな先生方の代表格である松本先生が、私の本を読んでみたいとおっしゃっている。

BABジャパンさんから、その旨のお話をお聞きして、本当に恐縮してしまいました。本来なら、他流を稽古している人間は、疎んじられるものです。しかも私は、二流派を継承した人間です。それを大きな度量で許し、応援してくれている。あり得ない有難いお話しだと思います。

松本先生には、何度も手を取っていただき、技のご指導をいただきました。また、「道場に極意なし」という言葉も実感させていただきました。稽古だけでなく、宴席や全国大会の宿舎で伺った武術論や、初代奥山宗家や先輩方との思い出話は、私の生涯の宝物です。

ご指導の中で、また、会話の内容などから、私を評価していただいたということだと思います。名人に評価していただき、嬉しい反面、期待に応えなければという重圧が襲いました。

自流の本を書くということについて、悩んだ私は、何人かに相談しました。

鶴田先生からは、「これまでの手裏剣の解説書のような内容ではなく、柔術拳法との併用にまで踏み込んだ本にしなさい」とご指導をいただきました。

フィッシャー師範からは、「普段、直接指導を受けられない、外国に住む門人たちは、日本語がわからなくても、自分が習っている流派について、まとめたものが欲しい。写真だけ見ても参考になるはず、そういうテキストを待っています。ぜひ書いて欲しい」という依頼を受けてしまいました。

「古いスタイルの武術を修行するものに対する、「文化財」「現代武道の落ちこぼれ」「対人格闘の経験がほとんどない武術おたく」そんな悪口を払拭できるいい機会ですよ」と勧めてくれる方もいました。

そして、これらの話の最後には、異口同音に「貴方ならできるでしょう」という言葉が添えられていました。

気を楽にするはずの相談で、また重圧が増してしまいました。

また、また、私は、追い込まれました。


若き日に、アメリカの友人が、私にスーパーマンのネクタイをプレゼントしてくれました。子どもたちが、私をドクタースランプに出てくる「スッパマン」に似ていると言っているのを勘違いしたのだと思いますが、その時に言われた「私の友人のクラークケントは、何時、眼鏡を取るのかしら」という言葉がいつも耳を離れませんでした。

「貴方ならできるでしょう」「正体を表せ」という言葉に押され、私に対する評価や期待が、過大なものなのか否か、確かめる決断をしました。

今回、眼鏡をはずさせていただきます。

大学の卒業論文以来、数十年ぶり　本格的な執筆活動をさせていただきました。

読手が想定した通りではなく、裏をかく一手を加えられた本が出来上がっていればよいのですが……。

# 寄稿①

弁護士　近藤智仁

私は、9年程前に仕事上で木﨑宗家とお知り合いになれたことをきっかけに、手裏剣術や古武道を伝承する和伝流に属される木﨑宗家のお話に興味を持ち、以後、お付き合いをさせていただいております。今回、長年の構想が本書籍として形となり、発売に至ったことを大変嬉しく思います。

書籍発売に際し、僭越ながら寄稿文のご依頼をいただきましたので、手裏剣初心者の私がこれまで和伝流手裏剣道について体験をし、感じたことを素人の目線から記したいと思います。

手裏剣と聞きますと、まずは忍者、忍者というと室町時代や戦国時代を思い浮かべます。時代劇の役者さんが忍びとして重要な任務を担っている中で、手裏剣が実戦で用いられている場面が頭に浮かびます。ただ、いずれも過去の時代を舞台とした話であり、現代では手裏剣というものは伝統文化として残っているにすぎないものだと思っていました。

しかし、宗家や師範から話を伺い、実際に練習に参加させていただきますと、手裏剣術は伝統文化の枠を超え、現代においても実践的に役立つ武道であることを思い知らされました。

手裏剣の技術が備わっていれば、身近な物を容易に護身道具に変えることができてしまうことは衝撃的でした。一例を挙げますと、ボールペンやシャープペンを棒手裏剣の要領で投じれば立派な護身道具になります。それもさほどの力を要せず、相手の接近をとめることとさえできてしまいます。そもそも、加害者の相手の立場に立てば予期せずボールペンが自分に向かってまっすぐ飛んできたとしたら、相手は予想もしない事態に面食らってしまうと思います。手裏剣技術によっては相手との体力差を乗り越えることもできるのではないでしょうか。

また、手裏剣術を応用した身近な物を武器とした反撃により相手に怪我を負わせてしまった場合、刃物や棒等の武器を手に取って反撃を行った場合よりも私達にとってリスクは少ないはずです。

急迫不正の侵害に遭遇した正当防衛の状況においても加害者たる相手に対して過剰に反撃し、意図せず怪我をさせてしまった場合、正当防衛にならず過剰防衛となり処罰される危険性さえあります。

しかし、自己又は第三者の身体に危険が生じた緊急の場面において、加害者から逃げることが困難な状況で自己または第三者の身を守り、その攻撃を止めるためにやむをえず（本来、筆記用具にすぎず、一般的に危険な道具とは思われない）ボールペンを投げたのであれば、たとえ防禦の結果として相手に怪我をさせてしまったとしても過剰防衛というべきではないと思われます。手裏剣術は汎用性の高い武道であると感じております。

さらに、手裏剣術では研ぎ澄まされた細やかな集中力が必要です。

手裏剣を目標に正確に当てるには、手裏剣を投じる前の一瞬の静止状態から自分の意思を肩、腕を通



じて手裏剣をもつ手指まで正確に伝達する必要があります(これが非常に難しいのですが)。手裏剣術は、繰り返しの練習の中で身体を自己の思うとおりに動かす鍛錬につながります。

さらに、練習時には本物の武器（棒手裏剣等）を使って練習しますから、練習時に仲間に危険を及ぼさないように手裏剣を投じる瞬間には非常に集中します。

手裏剣術には派手なパフォーマンスはないのですが、応用範囲が高く、実践向きであり、集中力を高めることもできる希有な武道であると思います。

手裏剣術にはこのように様々な魅力があるからこそ、現在では多くの外国の方々からも関心を集めているのでしょう。

最後に、この書籍の発行をきっかけとして、多くの読者の皆様が手裏剣術についての魅力を感じ取り、さらに日本を越えて多くの諸外国の方々にも和伝流手裏剣術への関心が一層深まりますことを祈念しております。

# 寄稿②

落語立川流　落語家　立川こはる

武術とは今まで全く縁のない私が、ひょんな事から手裏剣を学ぶ事になった。

私が落語家として六年間の前座修業を終えて、二ツ目という身分に昇進してすぐの頃に木﨑先生と出会った。とある落語会の打ち上げの席で、声をかけて下さったのが木﨑先生その人である。

「こはるさん、シュリケンやりませんか？」

なぜ落語会の席で初対面の落語家にこのような誘いをするのか、全く意味がわからないが、面白いと思ったら誘いに乗るのが芸人の性《さが》である。もちろん「はい」と即答した。

しかし、私は今まで何ら武道経験はなく、とにかく運動が苦手だ。学校の体育は赤点、握力は一桁、そして50メートル走は11秒を切らない。こんな女性が適当なノリで手裏剣をやりに行っていいものか、躊躇はしたものの、誘ってきたのは向こうだからと図々しくも教わりに伺わせていただいた。

一、シュリケンには手裏剣と手離剣がある。

二、日常生活用品のいかなるものも咄嗟に確実な武器となり得る。

三、一つの型で様々な状況にも応用が利く。

明快で論理的な解説と、それを証明する確実な動作を見て驚いた。シュリケンというより暗殺術を見せられたようなものである。これならば、へっぽこ女流落語家でもできたら面白い。それから六年程、伺える機会は少ないが稽古にお邪魔させて頂いては、毎回棒手裏剣を打つのに夢中になっている。

稽古を続けてきて、なぜ魅力を感じるのか。女流落語家として二つの側面で興味が尽きない。

一つは、実践術としての手裏剣術と落語の話術のリンクを感じられる点。そしてもう一つは、精神的な弱点克服の効果がある点である。

先ほど列記した三つのポイントに沿って感じた事を述べさせていただく。

まず、手の裏の剣では、相手に見えないところに剣を持っている。「手を読まれない」というのは落語でも重要で、こちらのペースで話を進める際に意識する事が多い。相手が想像しないところでギャグを入れてみるのも一種の手法だ。

手を離れる剣は文字通り棒シュリケンを「打つ」。打つ時の型を意識する他にも、相手の頭部、腹部、臀部、足、どこへ向けて打つのか、瞬時に意識を向ける訓練は、落語を高座で演じている時の、咄嗟に機転を利かせるような集中力と似ている。稽古で集中した時の、感覚が研ぎ澄まされ、頭の中は高揚して心の中は静かな湖面のように穏やかな、独特の集中状態が好きである。

次に、日常用品が武器になる、これは視覚的インパクトが強いため、大道芸パフォーマンスと受け取られかねないが、日常で瞬時に危機対応に切り替えられる用心を忘れないようにという意味に私は受け取っている。ボールペンや箸を投げて武器にできるという事は、逆に、自身の周囲の人間がいつ襲いかかるかわからないという事でもある。私はお客様の前に出て落語を演じ、毎日いろいろな人と関わる事が多いので、間合いと警戒を怠らないように、という注意だと思って気をつけている。

3つ目は、基本の「招き猫」の型（卍巴の型）であるが、手裏剣術でも体術でも動作の中に同じ型がある事を教わる。不思議なもので、「これさえ忘れるな」という動きがあると、パニックになっても落ち着く事ができる。

少し話は逸れるが、落語界は男性社会である。女流落語家は全体の5パーセント位しかいない。私は立川談志が立ち上げた落語立川流という一派に、初めて女性で入門した経緯がある。そのため、男の人しかいない中で前座修業をした。上下関係の厳しい中でテキパキと仕事を分担していく環境に身を置いて、圧倒的に感じたのが己の非力さである。喧嘩を

する事は実際にはなかったが、正直に言うと女にとって男の人は怖いものだ。二ツ目になっても、様々な人と仕事をしていかなくてはいけない。そういう時に、木﨑先生に教わった事を思い出して、落ち着いて対等に仕事の交渉ができるようになったのは、落語の高座も含めて己の自信につながったと感謝している。

　このような視点で武術に取り組むのは、純粋に手裏剣術を極めていこうとされる方には邪道かもしれない。だが、手裏剣術がいかなる人にも開かれた有効な武術であるという事を知っていただくには、非力な女流落語家が身体を張って実践するのも良いかなと思い、拙筆ながら私見を述べさせていただいた次第である。

　最後に、常に冷静で的確なご指導をして下さる木﨑宗家、フィッシャー師範には心よりお礼申し上げます。

あとがき

## ◉おへんなし

私は、子供のころから「おまえは、おへんなしだね」と言われてきました「おへんなし」とは、東京、西多摩郡の言葉で変わり者のこと言います。

「おへんなし」と言われた理由は、我が家の尚武の気風によるところが大きかったと思います。

私の曾祖父は江戸時代の生まれで、明治期に警察官をしていたそうです。サーベルを下げて官憲と言われていた時代だと思います。

「大きな人で、強かった」と近所の古老たちは異口同音に教えてくれました。

私の名前は、この曽祖父から、一字をいただき、名付けられました。

その次の代、大叔父は、職業軍人 将校でした。満州国、愛新覚羅溥儀皇帝の弟宮、溥傑殿下の軍事訓練を担当していたと墓碑には刻まれています。

祖父も町の教育委員や保護司、防犯協会の役員を務め、司法や警察関係者、武道団体の役員が我が家に出入りしていたのを覚えています。

父も武道を修行し、町の空手道連盟の顧問をしていました。

家には、先祖の残した、十手や猪皮制の鍔をつけたゴッツイ木刀、棒、銃剣の木銃などが身近にある環境でした。また土蔵には、武術関係の古い本も残っていました。

私自身も小学生から、空手の道場に通っていましたが、他の父子がキャッチボールしているときに、私と父は居合や空手の型を稽古していました。サンドバッグ代わりに吊るした古タイヤで蹴りや突きの練習をしていました。

今でも、はたから見れば、特殊な武道である「手裏剣」を熱心に修行しているのですから、私は「おへんなし」以外の何者でもないでしょう。

## ◉好きだった番組に出演していた手裏剣おじさんの記憶

私の子供時代のテレビでは、海外のドラマがよく放映されていました。「ララミー牧場」など、西部劇も多かったと思います。ドラマの内容などよく覚えていないのですが、これを見て、「おへんなし」と言われた私が真剣に考えていたことは、稽古している日本の武道は、ピストルに勝てるのかということでした。

時代劇を見ていても、「飛び道具とは卑怯だぞ」と、主人公を追い詰める、悪党の最後の武器はピストルでした。

ピストルに勝つことが、武道の課題だと思い込み、そばにいた大人たちにも「ピストルに刀は勝てるかな」ていうような事を聞いて困らせていたそうです。

「ピストルに勝てる日本の武器はないか」と考えていたとき、私の目に飛び込んできたものがあります。私が毎週欠かさず見ていた大好きな番組の中で紹介された日本の武道でした。

それは、当時、東京12チャンネルで放映されていた「世界ビックリアワー」という番組で紹介されました。

とても古い番組なので、歳がばれてしまいますが、司会は東京ぼん太さん、アシスタントはシリア・ポールさんだったことを覚えています。

毎回、すごい技を持った超人が世界各国からやってくる、またこれを迎えうつように、対抗して日本の超人も登場するというシチュエイションが面白くて、ワクワクして見ていました。その中で、なぜか記憶にのこっているのが、道着に袴をはき、鉢巻きをして、メガネをかけた手裏剣のおじさんでした。

私は、このおじさんの演武を見たとき、「この武器、この技ならピストルに勝てる」と妙に感動したのを覚えています。

そのことは、翌日、釘を持ち出し、そのまねをして、すごく叱られたこと、また、事あるごとに、家族がその話をするので、今も記憶に残っているのかもしれません。

子どもでしたから、出演者の名前も、和伝流という流派名も認識していませんでしたし、ああいう技を練習してみようと思っただけで、入門しようとも思いませんでした。

約半世紀前、ブラウン管のテレビから流れた数分の映像に映っていた、この手裏剣おじさんが、後に私の師になる鶴田勲先生だったのですから、不思議な「縁」を感じないわけにはいきません。まさか、半世紀後にその流派を継ぐなんてことは、思いもよりませんでした。

## ◉手裏剣への興味

そのテレビ番組で受けた衝撃は大きく、その後も尾を引き、手裏剣への興味は尽きませんでした。

空手や柔道、その他いろいろな武道を学ぶ一方で、大学時代には、神田の古本屋で、染谷先生「手裏剣入門」や「隠し武器入門」、白上先生「手裏剣の世界」等の手裏剣と名の付く本をお金の許す限り購入し、むさぼるように読んでいました。

そして、その本から得た知識を元に、東京西多摩の田舎で、五寸釘を叩いてこしらえた、手裏剣を打つ稽古を続けていました。

更に、手裏剣の講習会を探し、通うようにもなり、稽古にのめり込みます。その結果、どうにか手裏剣が的に刺さるようになっていました。

はじめは、刺さるのがうれしくて、稽古に精を出していましたが、次第にいくつかの疑問が浮かんできました。

「日本ではピストルは所持できない、持った相手がいたとしても、手裏剣も持ち歩けない」「的に当てることは、戦いを想定した稽古ではない」「的に当てるだけなら、手裏剣でなくても良いはず、的当てゲームなら、ダーツや吹き矢の方が的中率は良い」…この技を修行して得られるものは」等と生意気にも考え、あれほどあこがれていた手裏剣に対する思いが揺れ動いてきました。しかしそのときにも、私の疑問を払ってくれたのも、和伝流の関係者でした。本文にも登場しますが、当流を修行されていた、私の先輩にあたる唯山さんと大杉さんです。

この二人のエピソードが、手裏剣道への興味を蘇らせ、鬱積した疑問を解くための入口に立たせてくれました。

## ◉手裏剣は、障害を克服する

一人目の先輩は唯山照美さんです。ある日、毎日新聞に掲載されていた彼女の記事に目が留まりました。「交通事故の後遺症を克服して手裏剣の有段者になった女性」という記事でした。



記事には、リハビリで手裏剣を始めたこと、左足が不自由で、時には椅子に座って稽古をしていることなどが書かれていました。

唯山さんは、交通事故の後遺症で左足が不自由な状態から入門され、2年半もの間、地道に修行に励まれ段位を獲得されたと記されていました。当時、空手を修行していた私には、障害を持った方にできる武道、リハビリに役立つ武道がある、障害をもった高齢な女性が一般の方に勝る武術を身に着けた・・・その武道が、私が興味を持っていた手裏剣・・・衝撃をうけました。

和伝流に入門後、まずは、手足の可動域を広げることから始め、2年半かけて1万回の手裏剣を打つなど修行に励んだ彼女は、掌剣術も巧みでした。私が和伝流入門後、私は唯山さんと一緒に稽古をする期間があり、とてもかわいがっていただき、いろいろなことを学ばせていただきました。

そして数年後、唯山さんがご病気で、お亡くなりなった時には、遺族から稽古の手控えをいただきました。

このお年で足が不自由になっただけでも、普段の生活の大変さは想像できますし、関節や筋肉を硬くしないように行うリハビリの大変さもあったと思います。それに加え、手裏剣の稽古を続けられた。今日の稽古は、何百本打った・・・それまで、武道経験のなかった女性が、一回の稽古で、何百本も打たれている・・掌剣の稽古、左手で稽古……。私は、ページをめくり、努力の跡を追いながら、一番、武道から遠い存在である、高齢で障害がある女性をここまで熱中させたものとは何だったのかと考えました。

　唯山さんは、弱者とされる人にも役立つ護身の技を含んでいることや、椅子に座ってもできる武道で、障害者や高齢者のリハビリにも応用がきくことなど、ほかの武道、スポーツにないものを求めて和伝流に出会い、熱心に修行されたのだとおもいます。

## ◉手裏剣で得た事は仕事に役に立つ

次に、もう一人の先輩は、俳優の大杉漣さんです。

　大杉さんが和伝流を修行していたことは、唯山さんを紹介する新聞記事に載っていましたので知っていましたが、その手裏剣の実力を、二つのテレビ番組を通して知りました。

　一つは「トレビアの泉」です。「俳優大杉連さんが実は手裏剣の名手だった」とテレビでみごとな演武を見せていました。

　また、もう一つの番組は、関口宏が司会を務める「東京フレンドパークⅡ」でした。番組の終盤、獲得したダーツで商品を目指す場面、その所作が明らかに、他の方とは異なっていました。ダーツを手裏剣のコツで打たれたということだと思います。




　自らのために、パジェロを当て、お客様プレゼントでミニパジェロを当てた、その腕と目付には本当に感心いたしました。

　後に鶴田先生から大杉さんについてのお話を伺いました。その話を聞いて、大杉さんの事をもっと知りたくて、『現場者』という自伝的エッセーを購入しました。

「狙うという気持ちを排除しろ」というのは棒型手裏剣の先生の教えだが、その言葉は「フレンドパークⅡ」だけでなく、ぼくの仕事にけっこう役にたっているのかもしれない。

　と記されていました。

　手裏剣は、障害を持った方でも修めることができ、護身に役立つ武術、広い視野や応用力を身に着けることができ、培ったものが実社会においても役立つ武道だということを、私は、二人の先輩から教えていただきました。

　そして、それが和伝流と関わりがあったということに、不思議な縁と運命的な何かを感じていました。

　鶴田先生は、手裏剣は、得物を放す武術、長年修行すれば、技術とともに、霊的なものが備わるとおっしゃっていましたが、半世紀前に出演されたテレビ映像に私を引き寄せる霊的なものがあったのかもしれません。

## ◉山井館縁起、二人の女性に感謝を込めて

祖父、父以外で、私の最初の武道の師は、母の古くからの知人で、地元、東京都　西多摩郡で空手道場を開いていた方でした。

　若いころの母は、短距離の選手として知られていたそうで、先生曰く、「君の柔軟な体と足腰のばねは、天性のもの、お母さんに感謝しなさい」と事あるごとにいわれました。その後、色々な格闘技やスポーツを経験しましたが、この体にずいぶん助けられました。頑丈な体に生んでくれた母に感謝しています。

　２０１５年、妻の手術の成功を祈る待合室で、私は、道場を開く決意をしました。

　妻は、変わり者の私を、半分はあきらめ、温かい目で見守ってくれました。

「私は、武術家の妻になったつもりはありません」と言いつつも、宗家を継ぐこと、道場を作ることを許し、協力してくれました。

　私は自らのささやかな道場を開設するとき、その名前を「山井館」とつけました。もちろん継承している「山井流柔術拳法」を意識し、本文でも述べましたが、西行法師の歌に秘められた「山の井」の精神をから来ているものです。

　ただ、これを「やまいかん」とは読まず「さんせいかん」と読みます。

「さんせい」と言う響きのなかに表向きには3つの意味があります。

　論語に言う人としての在り方「吾日に吾が身を三省す」から「三省」。

「大和の心」「平和を願う想い」「和を包含した技術」、和伝流が伝えるべき「三つの和」を完成させたいという想い「三成」。

　前田先生、鶴田先生と渡ってきたバトンをうけた、三代目という意味の「三世」です。

　そして、裏の意味は、駄洒落です。

　照れくさくて妻には、伝えていないのですが、「やまい」を「さんせい」とよみかえるのは、「山井から読み替える」、妻が「病から甦る」という願いをこめたものです。

　武術に関して、やりたい放題やらしていただいている私に「賛成」してくれたことへの感謝を込めたものです。

　２０２１年２月

和伝流手裏剣道　山井流柔術拳法　宗家

木﨑克彦

出版にあたり、次の皆様にご協力をいただきました。
名前を掲載し、感謝の意を表します。（敬称略）

・和伝流手裏剣道・山井流柔術拳法　宗家補佐　師範
マルクス・フィッシャー
・和伝流手裏剣道・山井流柔術拳法　ドイツ支部（メミンゲン）支部長
アルミン・クライナー
・和伝流手裏剣道・山井流柔術拳法　イギリス支部（マンチェスター）支部長
（英国公認　ボディガード養成資格保持者）
デービット・カスタン
・和伝流手裏剣道・山井流柔術拳法
スペイン稽古会（マドリッド）代表
アントニオ・フェルナンデス・ゴメス
・システマジャパン　公認インストラクター
「むさしのシステマ倶楽部」代表
柴田勝成（柔道整復師・鍼灸師・薬剤師）
・忍術　風魔一党指南役　野人流忍術「野忍」主宰
甚川浩志
・NPO法人　日の出太陽の家ボランティアセンター（武家屋敷）理事長
久保田武男
・近藤・鈴木法律事務所　（東京都あきる野市）
弁護士
近藤智仁
・劇団前進座
早瀬栄之丞
・落語芸術協会　落語家
春風亭小柳
・落語立川流　落語家
立川こはる
・BABジャパン　原田伸幸

ドイツ支部での稽古を終えて

スペイン稽古会 in JAPAN

フィッシャー師範とイギリス支部長

## 木﨑克彦 （きざき　かつひこ）

1960 年　東京都西多摩郡生まれ
日本大学文理学部卒業
和伝流手裏剣道第二代宗家　山井流柔術拳法第三代宗家

明治期の警察官を曽祖父に、陸軍将校を大叔父にもつ「武」の家に生まれ、幼いころから祖父、父より武術の手ほどきを受ける。
10 歳から遠山（親泊）寛賢を祖とする泊親会において、空手を修行する。選手として活躍する一方で、公認指導員資格を取得し、後進の指導にあたり、東京都民大会等で、西多摩郡チームの監督を務める。また、30 歳から、西多摩郡空手道連盟の理事長を 10 年余務めた。
この間、柔道，中国武術など他の武道も併せて修行するが、年を重ねるうちに、加齢とともに威力の衰える現代武道に疑問を持ち、古いスタイルの武術を訪ね研究する。

その過程で、八光流柔術と出会い、初代奥山龍峰宗家の高弟、山﨑見峰皆伝師範に入門する。その後本部において , 第 2 代奥山龍峰宗家の指導を受け、師範、皆伝、三大基柱、及び同流に伝わる整体術、皇法指圧指導講師を允許される。

縁あって、客分として迎えられた、和伝流手裏剣道、山井流柔術拳法において、鶴田勲宗家の技術や理論に心酔し、修行を重ね、平成 24 年に免許皆伝を受け、次期宗家に指名される。

平成 28 年、自身の道場である「山井館」を開設し、指導にあたっている。

南ドイツのメミンゲン市、イギリスのマンチェスターに支部がある。

**撮影協力**
**日の出山荘**
〒 190-0181
東京都西多摩郡日の出町大久野 5270
TEL/FAX 042-588-5883
hinodekanko@tbz.t-com.ne.jp
https://www.town.hinode.tokyo.jp/category/6-0-0-0-0.html

**養沢野忍庵**
〒 190-0171
東京都あきる野市養沢 1252
TEL 042-588-5126　クロスインテリジェンスエージェンシー内
https://www.yajin-ninja.jp/

装幀：谷中英之
本文デザイン：中島啓子

一点全集中！
手裏剣術で開眼
“何とかできる”心と体の作り方
和伝流手裏剣道秘伝

2021年3月10日　初版第1刷発行

著　　者　木﨑克彦
発 行 者　東口 敏郎
発 行 所　株式会社ＢＡＢジャパン
〒151-0073 東京都渋谷区笹塚 1-30-11　4・5Ｆ
TEL　03-3469-0135　　FAX　03-3469-0162
URL　http://www.bab.co.jp/
E-mail　shop@bab.co.jp
郵便振替 00140-7-116767
印刷・製本　中央精版印刷株式会社

ISBN978-4-8142-0376-5　C2075

## BOOK Collection

脱力のプロが書いた!　世界一楽しくわかる極意書!

### 「動き」の新発見

読んだ瞬間から、動きが変わる!“目からウロコ”の身体操作の知恵!　誰もがまだ、自分の身体を知らない。40 歳になっても 80 歳になっても、新しい気づきがあります。人生 100 年が最高に面白くなる、ワクワク体験をし続けよう!　スポーツ・武道はもちろん、すべての日常動作と人生の質も UP します。身体の可能性を引き出すヒントが満載の一冊です!

●広沢成山 著　●四六判　●208頁　●本体1,400円+税

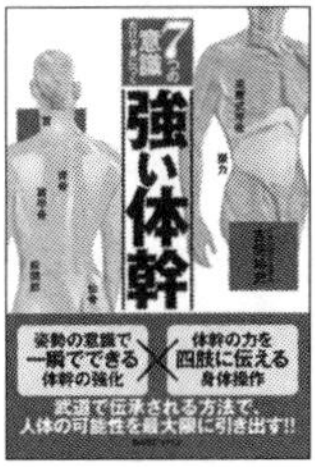


7 つの意識だけで身につく

### 強い体幹

武道で伝承される方法で、人体の可能性を最大限に引き出す!　姿勢の意識によって体幹を強くする武道で伝承される方法を紹介。姿勢の意識によって得られる体幹は、加齢で衰えない武道の達人の力を発揮します。野球、陸上、テニス、ゴルフ、水泳、空手、相撲、ダンス等すべてのスポーツに応用でき、健康な身体を維持するためにも役立ちます。

●吉田始史 著　●四六判　●184頁　●本体1,300円+税

武道の「型」が秘めた“体内感覚養成法”

### 本当に強くなる“一人稽古”

ジャンル問わず!　達人たちはみな、“型稽古”で達人になっている!“ジャンル問わず、武術に普遍的に存在する、「一人稽古で本当に強くなるシステム」をご紹介!　どんな武術・スポーツにも応用可能!　野球でもテニスでも剣道でも、決まった形の素振りを繰り返すのには理由がある!　このしくみがわかれば、あなたは“一人”で強くなれる!

●中野由哲 著　●四六版　●192頁　●本体1,400円+税

剣道家・久保昭の清廉なる武道人生

### 人間と剣の哲学的思考

剣はこんなにも強かった!　剣はこんなにも優しかった!!　今、現代人に元気と勇気を与える、剣道家としての生き方を貫く男の哲学。君が手に入れた“勝ち”は、相手の“負け”によって在る。それを決して忘れてはならない。名門久明館道場 久保昭館長が貫く“人を創る剣道”とは?　剣道界に、教育に、多大な貢献を為した“レジェンド”の人生をたどりつつ浮き彫りにする、“真の武道家”の生き方!

●大田学 著　●四六判　●196頁　●本体1,600円+税

夢は武道を仕事にする!

### 道場「経営」入門

武道を志す者なら、誰もが一度は夢見る“自分の道場”。達人でなくても、誰もが認める成績を上げていなくても、やっていける方法、ここにあります。武道の道場を開き、運営していくには、普通の店舗とはまったく違ったコツや留意点があります。もちろん、どうやって採算を取るかだって大重要問題!　本書は、今まで誰も教えてくれなかった道場経営のノウハウを、もちろんお金の話まで、ぎっちりしっかりと詰め込んだ、本邦初、夢実現の一冊です!!

●小池一也 著　●四六判　●264頁　●本体1,500円+税

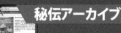

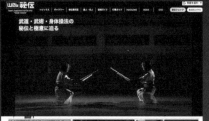

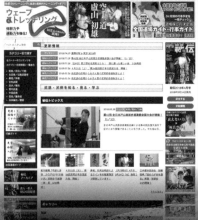